おおたとしまさ

ルポ 東大女子

GS
幻冬舎新書
489

はじめに

高度成長期からバブル景気の時期くらいまでの昭和型成長社会において、過度な競争社会を勝ち抜くためには、高い偏差値と専業主婦が必要だった。そのために受験競争が過熱し、女性は家に入ることを社会的に強要された。

しかし昭和型成長社会は終わった。それからだいぶ時間は経ってしまったが、ようやくいま、「働き方改革」と「大学入試改革」が同時に議論されている。「働き方改革」とは要するに、専業主婦に頼らないで社会を回す方法を考えようということだ。「大学入試改革」とは要するに、偏差値の差に対する過敏症を治そうということだ。

同様の問題意識に基づいて私は２０１６年、拙著『ルポ　父親たちの葛藤』で、それまでバリバリ働いていた男性が父親になった瞬間に仕事と家庭の板挟みになる様子を描いた。同じく『ルポ　塾歴社会』において、過度な競争教育の中で学歴や偏差値にとらわれる社会の歪みを描いた。そしてその２冊の延長線が交わるところに本書の発想が浮かんだ。

偏差値ヒエラルキーの最高峰にあり、生き馬の目を抜く競争社会に生きるという選択から専業主婦になるという選択までを視野に入れられる「東大女子」。もし彼女たちが、それでもなんらかの葛藤や生きづらさを抱えているのなら、それはそのまま世の中の矛盾の象徴なのではないか。そもそも「東大女子」という言葉が存在すること自体が世の中の矛盾を表しており、これを死語にできれば、この社会の閉塞感を打ち破れるのではないか。それが本書の狙いである。

第1章では「東大女子」に対する世間の目や彼女たちの置かれた状況を俯瞰する。第2章では主に現役東大生の声をもとに、いまどきの「東大女子」の実像に迫る。第3章ではさまざまなライフステージにある東大OGの声をもとに、「東大女子」と社会との接点を観察する。第4章では海外での論争も踏まえ、「東大女子」という四字熟語が発する不協和音の正体に迫る。

「女性活躍」「少子化」「ジェンダーギャップ」「塾歴社会」「競争教育」「教育格差」など、複雑に絡み合った社会的課題の本質を、「東大女子」の視点を借りて、明らかにしていく。

ルポ　東大女子／目次

はじめに　3

第1章　「東大女子お断り」の東大サークル　11

「私たちのことは見えていない」　12
女子学生限定の家賃補助に批判も　15
『東大美女図鑑』旅行企画炎上事件　18
世間は「東大女子」に敏感に反応する　20
実社会で威力を発揮する「東大女子力」とは？　22
「女の子なんだから、東大ではなく慶応に行ったら？」　27
高学歴女性ゆえに陥るジレンマ　31
確実に宝くじを当てる術　36
男性が学歴を気にすると思い込む東大女子　40
「純血サークル」では女子優遇　45
女子学生への家賃補助は逆差別じゃない　47
「東大美女」は炎上しやすい　48

「相手の学歴」に関する本音と建て前 50

第2章 「女子2割」は女子にとって楽園か？ 57

「東大生」と「女子」の間で揺れる存在 58
東大男子は前途洋々、東大女子は落とし穴 64
東大女子は、恋愛の悩みも独特!? 70
イケメン東大男子の花嫁の選び方 73
「もっと抱かれろ」 74
「女子大女子vs東大女子」生存戦略の違い 76
●現役東大女子座談会（ビスケット編集部） 79
話が通じるのは早慶まで!? 80
わざとできないふりをする 86
最も多くの選択肢があるひとたち 95
●現役東大男子座談会（東京大学新聞編集部） 98
女子の事情に疎すぎる男子校出身者 99
男女ともにある東大生のプライド 104

第3章　「ガラスの天井」と「落とし穴」　109
「学歴コンプレックス上司」の悪意　110
女性より男性が成長しやすい企業の環境　113
商社に合う東大女子はレアケース　118
女性の活躍を阻む4つのバイアス　123
お金で解決できることはお金で解決　126
夫の勤務先の企業風土も重要　132
出版業界は東大女子におすすめ　137
専業主夫になった東大男子　139
弁護士でも明治大卒はNG　141
夫が育休を取ってバリキャリ妻をサポート　145

第4章　「男性の育休率」より「東大の女子率」　159
世界のエリート女性もぶつかった壁　160
「課題先進者」としての「東大女子」　163

「東大女子でも結婚できる」は本当だが…… 171
就業意欲が非常に高い東大女子 176
「男vs女」ではなく「競争vsケア」 180
「東大女子」の4文字が奏でる不協和音 185
平凡なことを続ける非凡さに賞賛を 190
東大生同士でないと話が通じないという病 193
「働き方改革」と「大学入試改革」は車の両輪 196
おわりに 199
参考文献 210

図版・DTP　美創

第1章

「東大女子お断り」の東大サークル

「私たちのことは見えていない」

２０１６年3月、東大副学長名義で、学生に向けて「学生団体の活動にあたって」という文書が発表された。

「東京大学憲章」が東京大学の構成員に「国籍、性別、年齢、言語、宗教、政治上その他の意見、出身、財産、門地その他の地位、婚姻上の地位、家庭における地位、障害、疾患、経歴等の事由によって差別されることのないことを保障」していることを確認したうえで、文書は次のように訴える。


ただ、残念なことに、学生団体の中には、本学学生が加入を希望しても、性別、国籍、年齢等により、入会資格等に制限を加えている団体も見受けられるとの報告があります。

（中略）

学生団体の活動に当たっては、このような理念等を踏まえ、その在り方を改めて確認し、４月以降の新入生への勧誘活動や自主的・自律的な活動に活かされていくことを望んでおります。

東大の女子学生が入ることのできない東大のサークルが当然のように存在することに対する問題提起として巷でも話題となった。

有名なのは、テニスサークルだ。東大男子が入れるテニスサークルは主なものだけでも20以上あるのに、その中で東大女子を受け入れているのは実質的に「TOMATO」と「スポ愛」の2つしかないといわれている。その他のサークルは基本的に東大男子＋有名女子大女子で構成される、いわゆるインカレテニスサークルだ。「お見合いサークル」と呼ばれることもある。

有名女子大とは白百合（白百合女子大学）、聖心（聖心女子大学）、清泉（清泉女子大学）、昭和（昭和女子大学）、東女《とんじょ》（東京女子大学）、本女《ぽんじょ》（日本女子大学）、お茶（お茶の水女子大学）などのこと。特に白百合、聖心、清泉は「3S」と呼ばれる「ブランド」だ。

たとえば4大インカレサークルと呼ばれる「WEEKEND」は白百合、「ALLDC」は聖心と本女とお茶、「SUN FRIEND」は聖心と清泉と東女、「LEMON SMASH」は本女とお茶というように、サークルごとに「お相手」の女子大が決まっている。

ある現役の東大女子は日常のこととして淡々と語る。

「インカレのテニサー（テニスサークル）の男子たちは、私たち東大女子のことが見えていないふりをします」

いまに始まったことではない。30代の東大OGが証言する。

「1年生のサークル選びのとき、東大の女子が入れない東大のテニスサークルがあることを知って、『はぁ？』と感じました。もともとテニスサークルに入るつもりはありませんでしたから全然悔しいとかいう気持ちはありませんでしたが、『何それ？　どういうしくみ？』みたいな（笑）。そもそもそんなルールがまかり通っていること自体に驚きました」

一見して差別的である。しかしかつて東大のインカレテニスサークルに所属していた40代の男性はこう説明する。

「東大にはそもそも女子が少なく、サークルの中での男女比率を同等にしようと思うと、すべてのテニスサークルに女子が行き渡りません。だから外部から女子を招くしかありません」

それがインカレサークルの成り立ちだろうというのだ。しかし単なる数合わせなら、東大女子を締め出す必要はないはずだ。

「女子大女子と東大女子をいっしょにすると、そこにはやっぱり温度差が生まれやすい。またサークル活動にはそもそも、学部以外の友達を学内につくるという目的もあります。たくさんあるサークルにただでさえ少ない東大女子がばらけてしまうと、東大女子同士の横のつながりが広がりにくくなります。それで、インカレの形式をとるサークルと東大女子が集まるサークルとに、棲み分けが進んだのではないでしょうか」

2017年度の東大における女子の割合は2割にも満たない。東大の男子学生たちが好き好んで東大女子を排除しているわけではなく、東大にそもそも女子が少ないことによる必然だというのだ。この言い分にも一理ある。

だとすれば冒頭の文書は、大学による学生への無茶ぶりともとらえられる。そして実際、いまもサークル活動の実態はなんら変わっていない。

女子学生限定の家賃補助に批判も

アンバランスな男女比に対して、東大もただ手をこまねいているわけではない。

「社会のあらゆる分野において、2020年までに、指導的地位に女性が占める割合を、

学部学生に占める女性の割合（2017年5月1日時点）

		在籍者数	男	女	女性割合
前期課程・教養学部		6686	5368	1318	19.7%
後期課程	法学部	929	749	180	19.4%
	医学部医学科	457	384	73	16.0%
	医学部健康総合科学科	35	15	20	57.1%
	工学部	2186	1946	240	11.0%
	文学部	760	537	223	29.3%
	理学部	630	555	75	11.9%
	農学部（獣医学課程以外）	532	424	108	20.3%
	農学部（獣医学課程）	114	67	47	41.2%
	経済学部	748	618	130	17.4%
	教養学部	513	338	175	34.1%
	教育学部	230	150	80	34.8%
	薬学部（薬学科以外）	159	128	31	19.5%
	薬学部（薬学科）	23	12	11	47.8%

※東京大学ホームページより抜粋作成

少なくとも30％にする」という政府方針を踏まえ、大学としても「2020年度までに学生の女性比率30％」を掲げている。

だが、2017年5月1日時点での学部学生における女性の割合は、19・4％。旧七帝大と呼ばれる国立大学の中でも最も低い。

京都大学の女子学生比率は22・4％、一橋大学は28・3％、東京工業大学は13・1％、東京外国語大学は65・6％、慶應義塾大学は35・5％、早稲田大学は37・8％である。世界のトップ大学といわれるハーバード、イェール、プリンストン、スタンフォード、ケンブリッジ、オックスフォードの学部学生の男女比はほぼ半々。理系のイメージが強いマサチューセッツ工科大学でさえ、女子学生が約46％を占めている。

２０１０年に朝日新聞出版から発行されたムック『東大へ行こう。』の表紙に写っている東大生は全員女性。女子志願者を増やすためにイメージチェンジを狙う大学側の意図が明確に表れている。現役東大女子をそれぞれの母校に派遣し、講演を行ってもらうように働きかけてもいる。女子高校生向けの大学説明会やオープンキャンパスも開催している。女子向けの大学案内冊子まで発行した。

１９６１年に発足した女性限定の同窓会「さつき会」も、大学と連携しながら東大女子支援、そして女子志願者増加のための活動を行っている。２０１２年には独自の奨学金制度を設けた。地方在住の女子を対象に、月額３万円を、４年間給付する。東大受験前に学業成績、経済状況、エッセイなどで選考し内定を出す「予約型」。返済の義務はない。これとは別に、入学後申請して在学中に月額３万円の補助が受けられる奨学金制度もある。こちらも返済の義務はない。

それでも、増えない。

２００２年に発足した東京大学男女共同参画室が２００３年に発表した「東京大学男女

共同参画基本計画」によれば、1982年5月1日時点での学部学生の女性比率は約7%だったというから、この35年間で3倍近くに増えたと言うことはできる。しかし実は2003年には18%、2005年には19%をすでに超えており、それ以降はほぼ横ばい状態なのだ。

「2割の壁」が越えられない。

そこで2016年11月、東大は一人暮らしの女子学生向けに月額3万円の家賃を補助する制度を導入することを発表した。

これに対しては、男子志願者に対する逆差別ではないかという批判も噴出した。同じ新入生なのに、女性だとお金がもらえて男性だともらえないというのでは、そこだけを見ればたしかに不平等だ。しかし問題はそこだけではないのである。

『東大美女図鑑』旅行企画炎上事件

2017年5月には『東大美女図鑑』と旅行会社エイチ・アイ・エスのコラボレーション企画がネットで炎上した。

『東大美女図鑑』とは、「STEMS UT」という東大生のサークルが、「知性と美を兼ね備えた東大美女」をスカウト・取材・撮影し、毎年5月と11月に行われる東大の学園祭「五月祭」と「駒場祭」で発表している写真誌。キャンパス内の書籍販売部でも購入できる。

ＳＴＥＭＳ ＵＴホームページによれば、「東大女性のイメージ向上に貢献することで、女子学生比率がわずか18・2％（２０１2年現在）である東大の女子受験者数増加を目指しています」とのこと。

問題の企画とは、エイチ・アイ・エスで旅行を申し込むと、『東大美女図鑑』の中の「東大美女」が、国際線の機内で隣に座って「行き先の街の成り立ちを教えて」くれたり「教養のある雑学を語って」くれたりする「オプション」が当たるというものだ。

しかしキャンペーンが告知されるやいなや瞬く間に炎上。エイチ・アイ・エスは即日企画中止を決め、「皆様に、ご不快な思いを感じさせる企画内容でありましたことを、深くお詫び申し上げます」とコメントを発表した。

ただしこの企画の具体的にどの部分が「不快」だったのかは、ネットの反応を見る限りはっきりしない。セクハラ、性差別、性の商品化などさまざまなキーワードが出てくるが、突っ込みどころは微妙にバラバラだったのだ。批判の矛先も、エイチ・アイ・エスであったり、東大美女たちであったり、STEMS UTであったりバラバラだった。

キャンペーンが中止になった後もしばらく、「あの気持ち悪さの正体は何だったのか?」がネットでの議論の対象となっていた。その中に「これが『東大美女』でなければここまで炎上しなかったのではないか」という指摘もあった。「東大美女」という言葉そのものに、人々の心をざわつかせる力があるということだ。

世間は「東大女子」に敏感に反応する

同じころ、別の意味で世間を大いに騒がせた「東大女子」が豊田真由子元国会議員である。豊田氏は、週刊新潮によって元秘書への暴言・暴行が暴かれ、自民党を離党。その後の衆議院選で落選した。東大法学部から厚生省(現在の厚生労働省)へ。さらに国費留学生としてハーバードで修士号を取得。そして政治の世界へ。

後を追うようにして週刊文春の餌食になったのが、これまた東大法学部出身で元検察官の山尾志桜里議員である。不倫疑惑を受け民進党を離党するも、直後の衆議院選では無所属で再選を果たす。

暴言も不倫疑惑も、東大女子であることとはもちろん関係ない。

暴言を吐いたり、不倫の疑いをかけられたりした東大出身の男性ならいくらでも挙げられるだろう。しかし男性の場合、東大出身であることは強調されない。それなのに、東大出身の女性がトラブルを起こすと、東大出身であることがことさら強調されやすい。

電通に勤め過労のすえ自ら命を絶った高橋まつりさんも東大女子だった。有名企業社員の過労自殺はほかにも多数ある中で、高橋さんの死がことさら大きなインパクトを社会に与えたのは、見た目に華やかで若い「東大女子」だったからという要素も大きかったに違いない。

しかし一方で、高橋さんが東大出身であったことが事態を悪化させたのではないかという意見も散見された。すなわち「逃げるということを知らなかったのではないか」「挫折を知らなかったのではないか」「自分の能力に対する過信があったのではないか」「努力すればなんとかなると思っていたのではないか」「プライドが高すぎたのではないか」というような意見だ。

「東大女子」という看板ゆえに、高橋さんのことを何も知らない赤の他人が、高橋さんのパーソナリティをも推測して意見を述べたくなってしまう。世の多くのひとの中に、「東大女子」に対するステレオタイプがあることの証左ではないだろうか。

「東大女子」の自己像とそれをとりまく世間の目を理解するために、3人の東大OGの著書からキーフレーズを引用する。

実社会で威力を発揮する「東大女子力」とは?

『東大卒でスミマセン』(中央公論新社、2012年)の中で、自らも東大OGの著者・中本千晶さんは、東大生の強みを「東大力」と称し、以下の4点にまとめている。

●与えられた課題の本質をきちんと理解し、
●課題の達成に影響する要因を掌握し、うまく調整したうえで、
●スケジュールをきっちり立てて、そのとおりにひたすら邁進《まいしん》し、
●誰からも文句を言われないような形で完遂することができる力。

逆に、弱点は次の3つ。

1　寄り道せずに損をする

2　人生の「お題」がたてられない
3　流行オンチと貧乏性

さらに、東大生が感じる葛藤や彼らが世間から押しつけられているイメージを面白おかしく描き出している。

「東大卒」という学歴は、人に言いづらいものである。もしかすると、「日本一恥ずかしいレッテルなのかも」と思うことすらある。

東大出身者なら誰しも、大学名ゆえに場をシラけさせてしまったり、相手との間にガラスの壁を作ってしまった経験があるものだ。そのなかで、「東大卒という学歴は、無防備に口にしないほうがいい」ということを学んでいく。これが、東大卒の「学歴がありすぎるコンプレックス」である。

レッテルのせいで、等身大な自分をみてもらえないのがツライ。でも、世間の期待と違う自分もツライ。いずれにせよ、「他人の評価を気にしすぎる」のは東大力の悪いクセである。

中本さんはこれを「逆学歴コンプレックス」と呼んでいる。「東大生あるある」ではないだろうか。女子に限定すればこうだ。

大学を卒業し、社会に出たとたんに、多くの女子学生はその「学歴」ゆえの風雪にさらされる。

「東大卒の女だって？　お高くとまってるんじゃないの」
「東大卒の女だって？　つまらない雑用は頼みにくいなあ」
「東大卒の女性ですって？　私たちとは違う世界の人よね」

女性の場合「逆学歴コンプレックス」がよりいっそうの激しさをもって襲いかかるというのだ。

彼女たちの進む道はたいてい「男社会」だ。しかし、そこで東大女性は下手に「男女同権」を叫んだりしない。そんなことを叫ぶと「東大卒だからって、生意気な！」と、普通の女性以上にこてんぱんにやられるのがオチだからである。

そんなとき、役立つのが大学時代に培った術だ。彼女たちは「お姫様役を演じる術」で巧みに男性と共存しながらも、したたかに持ち前の実力を発揮していく。これぞ、東大女子ならではの「生きる知恵」……「東大女子力」だ。

ただし落とし穴もある。特に仕事と家庭の両立の局面においてである。

見せかけの「ワークライフバランス」にこだわりすぎ、全てを手に入れようとすると、結局どれも中途半端になり、自分自身を見失ってしまうことにもなりかねない。そういう人たちは「東大生らしさ」と「女性らしさ」という、二つの「見えない首輪」につながれたまま、きゅうくつな思いをしているようにも感じられる。

何かで満点を取ろうと思ったら、何かを捨てなければいけない。女の人生は、五教科七科目でバランス良く得点すれば勝ち残れる東大入試のようにはいかないものなのだ。

「東大女子」も「時代を映す鏡」のように変化すると中本さんは指摘する。

その昔、東大卒の女性といえば名実ともに「天然記念物」だった。（中略）職場や家庭での女性の地位向上を目指して真っ向から社会に立ち向かっていかざるを得なかった。

やがて、私たちの時代には、会社では仕事、家では良妻賢母をソツなくこなす、究極の「リア充」が東大卒女性の主流となった。しかし、タテマエでは職場での女性の活躍が期待されながらも、ホンネのところであくまで「女性らしさ」が求められる世の中を、「東大卒」という重い看板を背負いながら綱渡りしていくのは実は難しいことだった。

しかしこれからは、「東大女子ですが、何か？」という勢いで、真正面から勝負してくる、自由な東大卒の女性が増えてくる予感がする。

（中略）

そうだ。東大女子はこれまで、いろいろなものに遠慮しすぎていた。これからは、もっと堂々と生きていってもいいのかもしれない。

中本さんは1967年生まれ。自分が「東大女子力」を適切に使いこなせるようになるまで、社会人になって10年はかかったと綴っている。では1980年代半ば生まれの「東大女子」がちょうど社会人10年目くらいのタイミングで著した2冊の本をめくってみよう。「東大生らしさ」と「女性らしさ」の狭間で激しく葛藤している様子がわかる。

「女の子なんだから、東大ではなく慶応に行ったら？」

『いいエリート、わるいエリート』（新潮社、2015年）には、世間が押しつけるステレオタイプと自己像とのギャップが生々しく描かれている。

著者の山口真由さんは、1983年生まれ。東大法学部在学中に司法試験と国家公務員I種に合格。しかもオール「優」の成績で首席卒業。中央官庁の中でも最高峰とされる財務省に就職したのち、弁護士に転身した。しかもほとんどの著書の表紙に自身の写真が使われるほどに見栄えもする。「スーパー東大女子」である。

まず「東大を受ける」と告げたときの母親の言葉。

「あなたは女の子なんだから、東大ではなく慶応に行ったら？」

高校生の当時はそれを冗談として聞き流したが、いまとなっては母親の意図がわかる気がすると山口さんは述懐する。

男性は、労働市場で自分の価値を高めることが、結婚市場における自分の価値を高めることにもつながります。しかし、女性の場合には、必ずしもそうではない。労働市場での価値を高めると、結婚市場での価値は、むしろ下がってしまうことすらあるのです。だから、東大に入っていい成績を収めることが、従来の「女性の幸せ」と矛盾する可能性もある。

女子に限らず、東大生に対する偏見についての記述もある。

「東大生は、勉強はできても仕事ができない」

「東大生は、頭がいいだけで、融通が利かない」

という意見をよく耳にします。

東大生に仕事ができない人もいることは否定しません。でも、それは東大生に限ったことではないはずです。京大にも、早稲田にも、慶応にも、日大にも、仕事ができない人、融通が利かない人はいます。ただ、仕事ができないのが東大生だと目立ってしまう。それだけだと思います。


そのうえで、東大生の弱点としてこう述べる。

東大の卒業生は、二十代前半までずっと勝ち続けています。だから、評価されなかった時、自分を立て直す術を持っていません。自分を立て直す必要のないキャリアを歩いてきたからです。そして当然ながら自己評価が高いので、その自己評価と周囲からの評価とのギャップが大きく開いた時、受け入れることができないのでしょう。

正直に打ち明けると、私自身、自己評価と周囲の評価とのギャップに苦しむことがあります。自分に対する周囲の評価が低すぎると思うと、もちろん不満です。逆に、高すぎると思うと、それはそれで恐怖心につながります。

「女子」の部分についてはこうだ。

卒業してからのことですが、飲み会でこんな質問をする男性がいました。
「東大首席タイプの女性と、かわいいけれどおバカなタイプの女の子、結婚するならどっちがいい？」
そこにいた男性はみな、「かわいいけれどおバカな女の子」のほうを選びました。

しかし続けて、山口さんはこうも記す。

しかし、私は、こういう男性に対して真っ向から反論することはできません。なぜならば、私たちの側にも、彼らと同じ発想は存在しているからです。

男性は女性に対して「理想の女性像」を期待する。その「理想の女性像」と「東大女子」のステレオタイプの間にズレがあることには悔しさを感じる。しかし同様に女性も男性に対して「理想の男性像」を期待しており、女性も変わらなければいけないはずだと省みる。男女の非対称性を生んでいる要素は、男性の心の中だけでなく、女性の心の中にも同じように存在するのではないかというのだ。

高学歴女性ゆえに陥るジレンマ

『「育休世代」のジレンマ』（光文社、2014年）には、似た主旨の指摘がより明確な強い言葉で書かれている。ここでいう「育休世代」とは、男女雇用機会均等法や育児・介護休業法などの改正法が出そろい「育休」が定着した2000年代以降に就職・出産した世代のことを指す。

しかし、そこには、仕事選びにおいてジェンダーの社会化を免れてきたように見える女性の方が、「女は家庭」と思っているわけではないにもかかわらず、「男は仕事」への意識が根強く、しばしば男社会や夫の仕事への理解があるがゆえに、育児資源を確保できないジレンマがある。

（中略）

その結果、子どもを産んだ後も、夫の「男なみ」を容認し、応援せざるを得なくなる。そこに立ちはだかる障壁は、いわゆる「性別分業意識」の根強さではなく、男性の生計維持意識や男性稼ぎ主社会からの男性の抜けがたさであり、それに対する妻の理解、そして背景にある「女々しいもの」への嫌悪である。


著者の中野円佳さんは、1984年生まれ。東大教育学部を卒業後、新聞社に入社。6年目に妊娠・出産を経験した際、さまざまな制約や葛藤が生じたという。


私を、この本の執筆に走らせたのは苛立《いらだ》ちだった。好き勝手言われることへの。そして、好き勝手言っている人たちに、的確な説明をできない自分への。

（中略）

それは、非正規社員などに比べ「恵まれている」、しばしば「自ら主体的に選択している」とされる、男なみに戦ってきた総合職女性の「悔しさ」であり、その悔しさの要因だった。

（中略）

たぶん、そうだ、私たちは世間知らずの、勉強しろ競争しろと追い立てられるままに勉強し競争してきた、むなしい優等生だったのだ。

でも、じゃあ、そうだとして、そうだからこそ、これは本人たちだけの問題ではなく、優等生だった人たちが涙しなければならないこの社会の構造の問題なのではないか。

その「優等生」たちの多くは、一貫して優等生的であり、決して表立って声を上げないのである。

声を上げない優等生の処世術こそ、『東大卒でスミマセン』の著者・中本さんがいうところの「東大女子力」である。

中野さんは高学歴女子の葛藤を、単なる個人の体験ではなく構造的なものとしてとらえ、分析し、声を上げた。妊娠9カ月のおなかを抱えて大学院の入試を受け、高学歴女性15人のインタビューをもとに、修士論文を書き、それが書籍となった。

学術的に慎重に積み重ねられる論理の行間に、頑張って東大にまで行って学んだがゆえの葛藤の強さがにじみ出ている。妊娠・出産・育児というライフステージにおいて、高学歴の男性たちが当たり前のように家庭をもちながら仕事中心の生活を続けているのに、同等に努力してきた女性たちが家庭と仕事の両立に疲弊していることの理不尽を訴えるのである。

実は同じ葛藤を、現代においては男性も感じている。それを描いたのが拙著『ルポ 父親たちの葛藤』（PHP研究所、2016年）だ。それまでバリバリ仕事をしていた男性が父親になり「自分も育児をしよう、家事もしよう」と思った途端に、仕事と家庭の板挟みになる構造を描いた。その葛藤の構造は基本的に男女同じである。

中野さんは著書の最終章で、日本の教育に埋め込まれたメッセージの問題点を看破する。

つまり、社会は「女性と男性を同じ存在にみなす」ではなく「女性【を】男性【と】同じ存在にみなす」ことを目指し、女性に対しては、男性と同等に学業や地位達成を果たすという意味での「男なみ」を求めてきたのではないか。

（中略）

教育段階での男女平等は進展してきたように見える。しかし、この社会に潜む競争原理や序列化が、そもそも男性中心主義的であることや、ケア責任や家庭領域といった、女性が担ってきた役割を軽視しがちであることに対して、現在の日本の教育システムは、批判者となるどころか、共犯者であったのではないか。

日本の教育システムの最高峰が東大であるとするならば、「東大」こそ「共犯者」の親分ということになる。

もちろん大学としての東大が悪いわけではない。東大を頂点とする明確な偏差値ヒエラルキーとそれに準ずる過度な競争圧力の象徴としての「東大」が、「共犯者」の本質である。そして「東大」のために子供たちを競わせる教育システムの現状を描いたのが拙著『ルポ　塾歴社会』（幻冬舎、２０１６年）だった。

いうなれば、本書『ルポ　東大女子』は『ルポ　父親たちの葛藤』と『ルポ　塾歴社会』の２つの拙著が交差するところに生まれたのである。

中野さんは続ける。

ここで目指されていた「男なみ」は、ただ単に性（sex）としての「男」を意味するのではなく、圧倒的にケア責任が女性に偏ってきたジェンダー秩序の歴史と現状を反映し、「ケア責任を抱えない男」との競争という意味合いを含んでいる。

こうして、「逆転したジェンダーの社会化」が内面化された女性たちが、その不平等のあり方に気付くのは、多くの場合、出産・育児によってまさにそのケア責任を期待され、負うようになってからである。

「逆転したジェンダーの社会化」とは女性が自ら「女性性」を否定して「名誉男性（例外女性）」を目指すことを意味する。「名誉男性」として生きてきた高学歴女性たちが出産・育児に直面した途端、まるで落とし穴にはまるかのようにして、不平等に気付くというのだ。

確実に宝くじを当てる術

あとから「聞いてないよ！」とならないように、東大も学生たちにメッセージを発している。象徴的なのが駒場キャンパスで行われる「ジェンダー論」の講義である。東大で最も女子の履修者が多い授業としても知られている。担当する東京大学教養学部の瀬地山角《かく》教授に聞いた。

――「ジェンダー論」の講義の概要を教えてください。

前半が「セクシュアリティ編」で後半が「ジェンダー編」になっています。恋愛と性、避妊、結婚・離婚みたいな話をやり、その延長で、性的マイノリティの話に行き、年度によっては性の商品化の話をします。後半の「ジェンダー編」では、女性の労働パターンの国際比較に触れたうえで、日本の女性および男性にとってのライフコースについて考えます。

東大女子でもたまに専業主婦になりたいっていう人がいます。悪いことじゃないし、自分で判断して決めればいい。でも待てよと。みなさんは第1子の出産後も正社員として働き続けたら、その後3億円稼ぐ力をもっている。つまりジャンボ宝くじは確実に当たる。だから専業主婦になるのはみなさんの自由だが、それは3億円をどぶに捨てるのと同じことだということを知ったうえで判断せよと。彼氏に「家に入ってくれ」と言われたら、「あんたは追加で3億円稼げるか？」と聞いてみろって（笑）。

そして男子学生の側から見てみます。日本の共働き家庭の1日あたりの平均家事時間は、女性が5時間で男性は40分ぐらい。合わせて約6時間。2で割ったら3時間です。1日3時間の男性の家事がフルタイムの女性の就業を可能にするということ。それでもし妻が年1000万円稼いできたら、君たちの家事労働の時給は1万円に相当すると。

――男性の家事労働が時給1万円？

1日3時間×350日ぐらいなので、年間1000時間ぐらい家事・育児をするわけですね。1000時間の対価として1000万円入ってくるということになる。ですから時給1万円です。大概の会社の残業代より高い。

したがってみなさんは、「なんたら商事」に行って残業しているよりもその分早く家に帰って夕食つくってるほうが家計的にははるかに合理的だと。妻の年収が700万円でも、月で換算すると60万円。毎月60万円、残業代では稼げないだろうと。もしできたとしたら3カ月後にはあの世に行っているよと（笑）。

GMARCH《ジーマーチ》（学習院、明治、青山学院、立教、中央、法政）クラス以上の大学を出た女性であれば、一部上場企業に普通に就職しますよね。そのひとたちは700万円コースに行くわけです。そしてそのひとたちは生涯で2億稼ぐんですよ。そのプラスの2億円のために必要なのが、たかだか2～3時間の男性の家事なのです。

――なるほど。

「出生動向基本調査（結婚と出産に関する全国調査）」では希望のライフコースについて聞いていますが、2015年のデータを見ると、やはり専業主婦になってほしいという男性が減り、なるだろうという女性も減っています。さらに、女性が男性に求める条件として、「家事・育児の能力」が96％で、「人柄」の次に来るというのは、かなり驚くべきデータです。学歴は54・7％でしかない。「ざまあみろ、君たちの学歴は家事の能力の半分ぐらいしか役に立たない」と言うと大教室は爆笑です。

――そのデータは私の著書の『ルポ　父親たちの葛藤』にも掲載しました。

これを見せると、男子学生たちは結構ショックを受けてくれるんですよ（笑）。一方で、男性から女性に求める条件として「経済力」が増えていて、２０１５年の調査ではついに４割を超えました。自分の経済力だけで養っていくのは難しいと思っている独身男性が増えているのでしょう。

東大の男子学生っていうのは、専業主婦を抱える経済力をもつ可能性が高い数少ないひとたちなんですけれども、でも私がそういうふうに言うことで、隣に座っている女子学生がいきなり札束に見え始めるようで、「隣に４人……、12億円いました！」とか言う（笑）。

男性が学歴を気にすると思い込む東大女子

――でも、高学歴同士で結婚すると、またさらに世帯年収の格差が広がるという指摘もありますね。

それはそうなります。どんどんそうなってるんじゃないですかね。

――東大女子が、低学歴低収入でも家事・育児能力の高い人をもっと評価してあげればいいのにと、先生がコメントしているのをどこかの記事で読んだことがありますが。

それがなかなか起きないんですよね、基本的にはね。あまりないと思います。

――ですね。実際、東大女子と話をしていても、「早慶でもいいかなと思うんですけど」と聞きます。「早慶止まりなんだ！」みたいな。

彼女たち自身が、「早慶でもいいかな」って言うのは、私はあんまり聞いたことがないです。きっと彼女たちも早慶なら「全然ＯＫ」。ただ、「向こうが気にするかも……」っていうことを東大女子が気にしすぎるというのが、私の見ている感覚だと、多いです。

――「向こうが気にする」と東大女子本人が思ってるっていうことですね。

そうです。

――話を元に戻します。後半の「ジェンダー編」ではライフコースをテーマにすると。

さらに男女雇用機会均等法の話をして、当時に関するドキュメンタリー番組の「プロジェクトX」を見せます。そこからみなさんの就職戦線が開かれたのだということを知ってもらう。そこに関わってるのが、ほとんど東大卒の女性なのです。

そうやって開かれたあとにいまの自分たちがあるということを知って、やっぱりある種の使命感であるとか、何らかのメッセージを受け取るんですよね、女子学生も男子学生も。

――「ジェンダー論」の講義には、先生から直接目の前にいる東大生たちへのメッセージみたいな意味合いもあるのですか？

男女共同参画社会基本法ができた1999年に、東京大学も取り組みを求められ、教養学部独自の取り組みとして推し進めたことの一つが、理系にも開かれたジェンダー論の開講でした。

たとえば、東大生による強姦事件がありましたよね。それから一橋大学で性的マイノリティの院生の自死事件がありましたよね。ああいうのを絶対に防がなきゃいけないってい う、それこそ政治的に生まれた科目としてやらなければいけない使命をもっていると私は思っています。

だから前半の「セクシュアリティ編」の授業では、性関係においては明確なイエスでない限りそれはノーだということとか、性的自己決定権の基本的な議論とか、避妊のこととかを説明するのにそれなりに時間を割くんです。

後半の「ジェンダー編」のほうは、やはり学生さんたちのライフコースをどういうふうに考えるのかという点に主眼を置いています。分かれ目は、第1子の出産後にあります。子供が生まれたら仕事を辞めるっていうのは、世界的に見ればちょっと変わった習慣で、生物学的に決まっていることでもなく、学問的に合理性が証明されているわけでもまったくなく、それにみなさんが縛られているだけだと。

女性が出産後も仕事を続けようと思ったら、どういう会社を選ぶべきなのかとか、どういう働き方をすればいいのかとか、割と具体的に議論します。

平均初婚年齢を見せながら「いまのカレシと結婚なんて、バカなこと考えちゃいけない。まだ10年あるんだから、そんなに焦るな」なんて（笑）。

それから衝撃を与えるのはやっぱり離婚ですね。

――離婚って、私はあんまり取り扱ったことのないテーマです。

婚姻件数に対する離婚件数の割合は2016年で35%です。その年に結婚した人が、その年に離婚するわけじゃないから、単年度で計算してもしょうがないってのはごもっともですが、それでも、この婚姻件数に対する離婚件数の割合は1998年から19年連続で3割を超えています。イチローの3割は17年で止まった。いまどき結婚するというのは、全盛期のイチロー並みのバッター相手に、マウンドに登るピッチャーみたいに分の悪いことだと。それぐらい離婚は打つ（笑）。

「ちょっとうつむいて両側の人をチラッと見て。その3人のうち1人は離婚する」と言う。そして続けます。「ごめん、大事なこと言うの忘れてた。男子の4人に1人はそもそも結婚でけへん」と（笑）。

つまり、男子が4人いると、4人のうち1人は結婚できなくて、3人のうちの1人は離婚すると。だから、離婚を前提としたライフデザインをある程度考えさせます。3割5分のバッター相手にヒット1本も打たれないことを前提にして、人生設計するのは危険すぎますから。

「純血サークル」では女子優遇

――インカレサークルに東大の女子が入れない問題について、いま注目されているっていうのは、何か背景があるんですかね？

大学当局が文書を出したからです。大学の論理としては、その通り。特に外国の人からはぼろくそに言われますね。

でも、運営改善を求める文書を出すのが、大学としてできる関の山。一つ一つのサークルに指導なり何なりなんて言いだしたら、それこそ学生活動に対する当局の介入になってしまうので、それはそれで問題になるでしょう。

数年前に「グリーン」という有名なテニスサークルが飲酒で死亡事件を起こして解散したので、そもそも少なかったいわゆる「純血サークル」がさらに減りました。それもあって、女子学生の選択肢が非常に少なくなってしまった。

――当然東大の女子学生は「それは何なのよ」と思うはずですよね。一方で、男子学生にとっては単なる選択肢の一つという意識ですか？

インカレに行きたい人と、そうでないところを選ぶ人はもちろんいるんだと思います。それから、テニスでいうと、純血サークルは難しいんです、入るのが。「ＴＯＭＡＴＯ」と「スポ愛」には男子だけ技能のテストがある。経験者しか入れない。女子はフリーパスです。

４対１の男女比を考えれば、女性を優遇するっていうのは、まあ理解はできなくはないのですけれど、結局テニス未経験の男子は東大女子がいるテニスサークルには入れない。男子学生にとっても不幸なことだと思うんですよね。

ただ、じゃあインカレが変わり得るかっていうと、結局インカレは毎年、ほかの大学から女子を入れちゃっているので、そりゃ内側から変わるモチベーションが出てこない。

東大男子に責任はないのかといえば責任はあるだろうけど、でもちょっとかわいそうっちゃかわいそう。そうでなかったら、女性と知り合う機会がまったくないわけで。特に理

Iなんかに入ったら。
そもそも問題の根幹はやっぱり女子が少なすぎることにあります。

女子学生への家賃補助は逆差別じゃない

――では、女子学生への家賃補助の件に関しては？

あれを逆差別だと叫ぶ人たちは、男性が履いている下駄の高さに気が付いてないのでしょう。

地方の公立高校から浪人して東大に来る男子はいても、女子学生は非常に少ない。女の子だけ「東京には行かせない」「東大には行かせない」というプレッシャーをものすごく受けるんです。そういった悲鳴を、やっぱり毎年教室で聞きます。同じ学力があるのに、女子が明らかに差別を受けている。機会を奪われている。その機会を奪われている女子学生にメッセージを出すことに意味があると思っています。

本当は女子寮を充実させるのが正攻法ですが、ハコモノをつくるより家賃補助のほうが経済的に合理性が高い選択なのです。

形式的に見たら、逆差別に見えるのはもちろん理解できますけれど、その裏に構造的な性差別がある。男の子だったら許されている選択肢が、女の子に限って認められていないケースがあまりに多い。

だからこそ、この大学は4対1みたいな変な男女比になっています。旧七帝大でも東大と京大以外は3割超えてるはずです。

で、結局、地元の国立大学の医学部に取られるんですよ。その層に東大を選んでほしいというのが、家賃補助のメッセージなんです。

「東大美女」は炎上しやすい

――『東大美女図鑑』が旅行会社とコラボした企画が世の中的に大きな批判を浴びたという話はいかがでしょう。


このサークルの問題と企画の問題とを切り分けて考えなければいけません。

まず、サークルがそういう写真集を出しているわけですよね。それに違和感を覚える女子学生がいるっていうのは当然です。ただ、だからといって自ら進んで出ている女子学生を否定することもできず、それは併存するしかないと思うんです。

そのこととは別に、あの「お隣いいですか？」の企画がちょっと乱暴だったと言わざるを得ません。当人たちも、ああいう扱いをされるとはきちんと説明を受けてなかったようなんです。

男性の目線でしかものを見ていないときに、ああいうのって炎上するんですよ。自治体のゆるキャラＣＭで炎上するのも同じパターンだと思います。

――それでいうと、今回は「東大美女」っていうことでしたけども、これが単なる「女子大生」であっても、たぶん同様に炎上したと？

それは企画として意味をなさないのではないでしょうか。「東大」が付いたから「意味」をもってしまう。そうじゃなかったら「女子大生」でやりゃいいんですよね。逆に「東大美女」っていうのは「東大女子」以上に強烈な言葉なんですよ。

――だからこそ注目が集まって……。

炎上の対象になるんだと思うんですよね。

大学のミスコンをどう考えるかっていうこととつながっているとも思います。ミスコンはのど自慢コンテストと同程度には肯定すべきものだと思うんですよね。歌がうまいということを褒められるのと同程度に、外見が優れているっていうことが称賛されること自体を否定する必要はないのですが、歌がうまいのとは違って、その大学で女性のみが外見うんぬんといわれることが、当該大学にいる女子学生に別の意味をもって受け止められるっていう面があるのも深刻な現実です。出るほうが悪いともいえず、嫌だという人がいるのも当然。

ただ、女性のみに外見が要求されているかというと、最近はさすがにそうでもない。そうなると、一刀両断にこれはいいとか悪いとかいえるような単純な問題ではないというのが難しいところです。

「相手の学歴」に関する本音と建て前

――東大という大学において、女性がマイノリティであるっていうのは、数のうえでそうなんだろうなと思いますが、卒業後に受ける差別のようなものもあるんでしょうか。

卒業後明確に差別をされているっていう感じではないと思いますが、生きづらさを感じているとしたら、パートナー選びの段階で高学歴すぎると受け取られている可能性はあります。

だから東大女子は出身大学を隠そうとするし、大学にいる間に相手を見つけるべきだと信じてしまっている節がある。ちょっと古いデータでは、東大女子の約7割が東大出身の男性と結婚していることがわかっています。

――男性よりも女性の学歴が高くなってしまうことを嫌う雰囲気はいまだにありますよね。

女性から見れば学歴上昇婚、男性から見れば学歴下降婚の傾向ですね。

「イー・ウーマン」というサイトで、女性読者に対して「相手の学歴が自分より低くてもいいですか」と聞いたことがあります。やはり政治的に正しい答えが返ってくるので、「気にしない」が多くなります。そこで翌日に「本音で答えてください」と問い直したら、案の定、結果は逆になりました（笑）。やはり相手には自分よりも高い学歴を求める傾向があるんです。

その点、東大の女子の場合には学歴上昇婚はほぼ不可能なので、要は学歴下降婚を選択肢に含めるかどうかということになります。

聞いてみると、東大女子の側はあまり気にしていないと言う。「早慶なら」って言う。でも、GMARCHになると、たしかに感覚が変わるっていうのはあるのかもしれません。ひょっとしたら。

——面と向かって聞くと「気にしないよ」と言うのは想像がつきます。その代わり「話をしててつまらない男性は嫌だ」という言い方はしますよね。

それはよく言いますね。

——その「つまらない」っていうところと学歴が、暗にリンクしていると見るのはうがった見方なんでしょうか？

暗にではなくて、もろにリンクしてると思います。

でも実際は、たとえば東大と早稲田の間に違いは絶対ないです。あり得ないですね。それこそ東京外大でも上智でも、きっと読む本も変わらないし。たぶん少なくともGMARCHぐらいまではほとんど変わらないと思います。

――直接的には「学歴」とは言わなくとも、それを「会話がつまらないんだもん、話が合わないんだもん」っていうふうな言い方に置き換えてしまっている可能性はありますよね。でも実際は、普通に名の通ってる大学に通っているのであれば、そんなコミュニケーションギャップっていうのは……。

起きない。なぜならば、彼女らの出身の高校の中にも、そもそもある程度のレンジがあったはずで、それでそんなに話ができなかったら、高校の同窓会で話ができないっていうことになりますから（笑）。

――これはちょっとうがった仮説として、東大女子の中に内在化された、無意識のうちに偏差値で相手を見てしまう価値観というか……。

それはあるでしょうね。

――東大に来るような、勉強を頑張ってきた彼女たちの価値観の中では、やっぱり勉強ができることは人間の価値の中でも大きな意味をもつことは理解できます。そうすると、たとえば同じ慶應であっても「下から上がってきて受験してないんだ」みたいなのに対して違和感を覚えるということも……。

ああ、そういうのはあるかもしれません。つまりずっと競争してきてる人たちなので、競争のルートから外れてる人間に対して、やっぱり何ていうのかな、こっちは実力でのし上がってきたのにみたいな、その感覚は非常に東大生特有で、男女限らずみんなもっているので、それはあるかも。

――最後に、ジェンダー論の観点から「東大女子」とはどういう存在であるか。ちょっと抽象的で概念的な質問になってしまうんですけれども。

逆に、ジェンダー論の観点からいうと、なぜ「東大女子」などというふうに問題とされるのかっていうことになります。この問いが立てられてしまうこと自体が、彼女たちの置かれている環境がいかに厳しいか、ということを物語っているということだと思います。だって、「東大生」に置き換えると議論が成立しなくなりますから。「ジェンダー論の観点から東大女子とはどのような存在？」っていう疑問が成立してしまうっていうこと自体がまさに東大女子が抱えている問題です。

東大生のジェンダー意識についてのアンケート

Q. 東大男子と他大女子のみが加入できるサークルなど、東大のサークルの在り方についてどう思うか

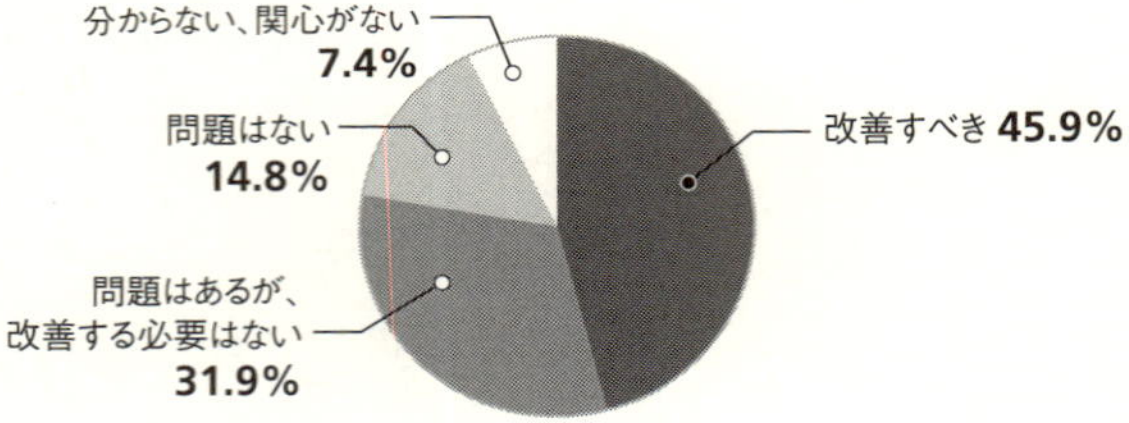

Q. セクハラなどに代表されるようなジェンダー的な問題が、東大美女図鑑とHISとの旅行企画にあったと思うか

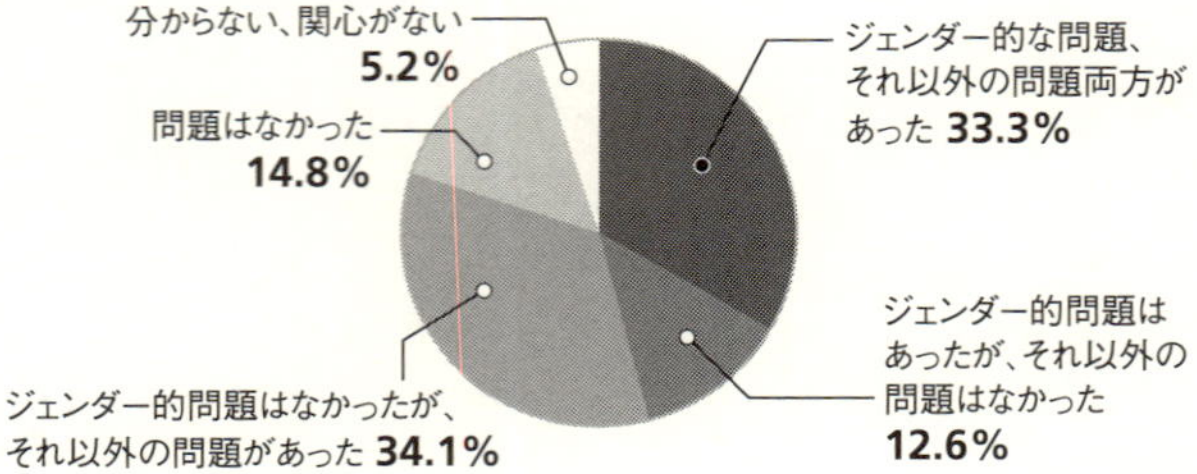

Q. 東大のジェンダー的な問題は深刻だと思うか

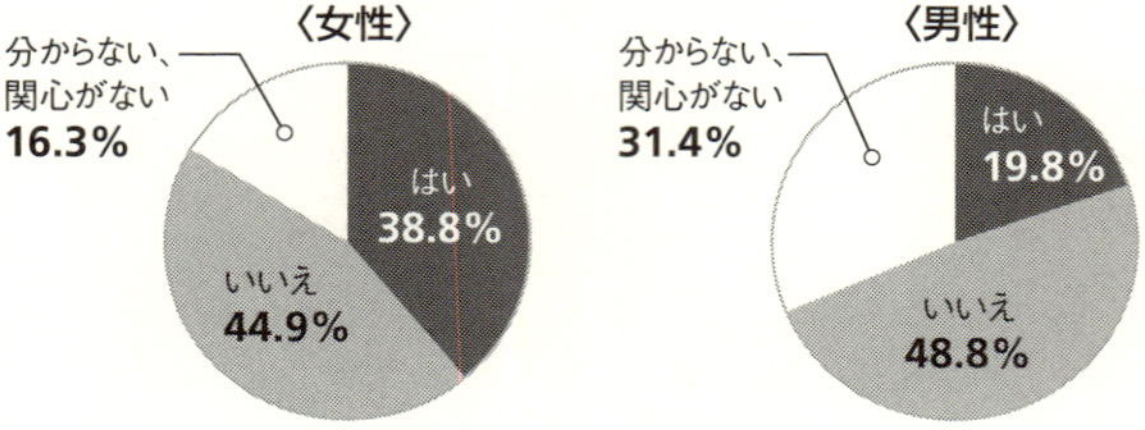

※2016年6月13～17日に東京大学新聞社がインターネット上で実施。
回答者数は男子学生86人、女子学生49人

第2章　「女子2割」は女子にとって楽園か？

「東大生」と「女子」の間で揺れる存在

現役東大女子による、現役東大女子のためのフリーペーパーがある。誌名は「ｂｉｓｃＵｉＴ（ビスケット）」。創刊は２０１１年４月。年２回発行され、本郷・駒場の両キャンパスにて手配り・ラック設置されている。ホームページによればコンセプトはこうだ。

東大女子はどこにいてもマイノリティです。学内でも多数派は男子であり、男子を前提としていろいろな居場所が形成されています。そんな東大女子にとって「私たちの『ための』もの」がないのが現状です。

このような中で、ｂｉｓｃＵｉＴは、東大女子が「これが私たちのものだ」と心から共感できるフリーペーパーを目指しています。

創刊号巻頭企画にある「東大女子」についての定義はこうだ。

それは「東大生」としての自分と「女子」としての自分の間で揺れる存在。

彼女らは「女子」としては恋愛・結婚などでの点マイナス面を抱えながらも、「東大生」としては就職・環境といった点でのプラス面を享受している。

東大女子は「女子として」というよりも、「人間として」の自分の成長に関心があり、今の自分をプラスにとらえているようだ。

『東大生』としての自分と『女子』としての自分の間で揺れる」という表現は、第1章で紹介した中本千晶さんの著書の中に出てくる「『東大生らしさ』と『女性らしさ』という、二つの『見えない首輪』」という表現と似ている。「東大女子」の心の中では常に「東大」と「女子」が綱引きをしているのだ。

本来所属大学と性別は相反するものではない。しかしいまの世の中においては、こと「東大」という大学名は、それほどまでに「女子」という2文字との相性が悪いのだ。

東大女子の葛藤は、「東大」の部分と「女子」の部分をどの割合で自分の中に共存させるかであり、しかも世間の見る目と自己像との間にずれが生じるという2元連立方程式のようなものなのかもしれない。

最新号（Ｖｏｌ．14）の「3女（3年生女子のこと）トーク」にはこんなくだりがある。

なかなかシュールである。

あ：さあ、うちらの悲しい話をしよう！
す：それこそ需要ある？　話にすら需要ないってこれ最悪じゃない？
み：実際東大女子は需要あるでしょ？
す：いやでも理想が高すぎたら売れないから、ある程度まで値下げしなきゃいけないじゃん。
あ：理想下げるの、結構大変。
す：三女までこんな状態だとなんかさ、ここで理想下げたらもうだめな気がしてくるじゃん。
み：妥協だよ、妥協。だってもういなくない？　理想上げたら。
す：いない。イケメンはすでに彼女がいるし。
み：理想を下げて育てるしかなくない？
ゆ：ふらふらしてるイカ東（註「いかにも東大生」の略）を捕まえて、育成する。
す：虫かよ。

全員：（失笑）

す：たぶん私たちの理想って、東大だと高く感じられるけど、世間一般からすると普通だと思うんだよね。東大男子ってどうしても雰囲気似てくるじゃん、服装とか。だいたい一律だし、制服着てるのかお前ら、みたいな（笑）。東大、男いっぱいいるじゃんって言うけど、似たような雰囲気の男がいっぱいいるだけであって、それはまとめて1人だから。

ゆ：じゃあもう東大男子ぎゅってしちゃったら男女比1：1くらい（笑）。

しかしさすがは東大生というべきか、バックナンバーをめくると、ちゃんと調査をしてエビデンスに基づいてつくられている特集が多い。興味深いデータをいくつか抜粋させてもらう。

東大生の結婚意識についてのアンケート

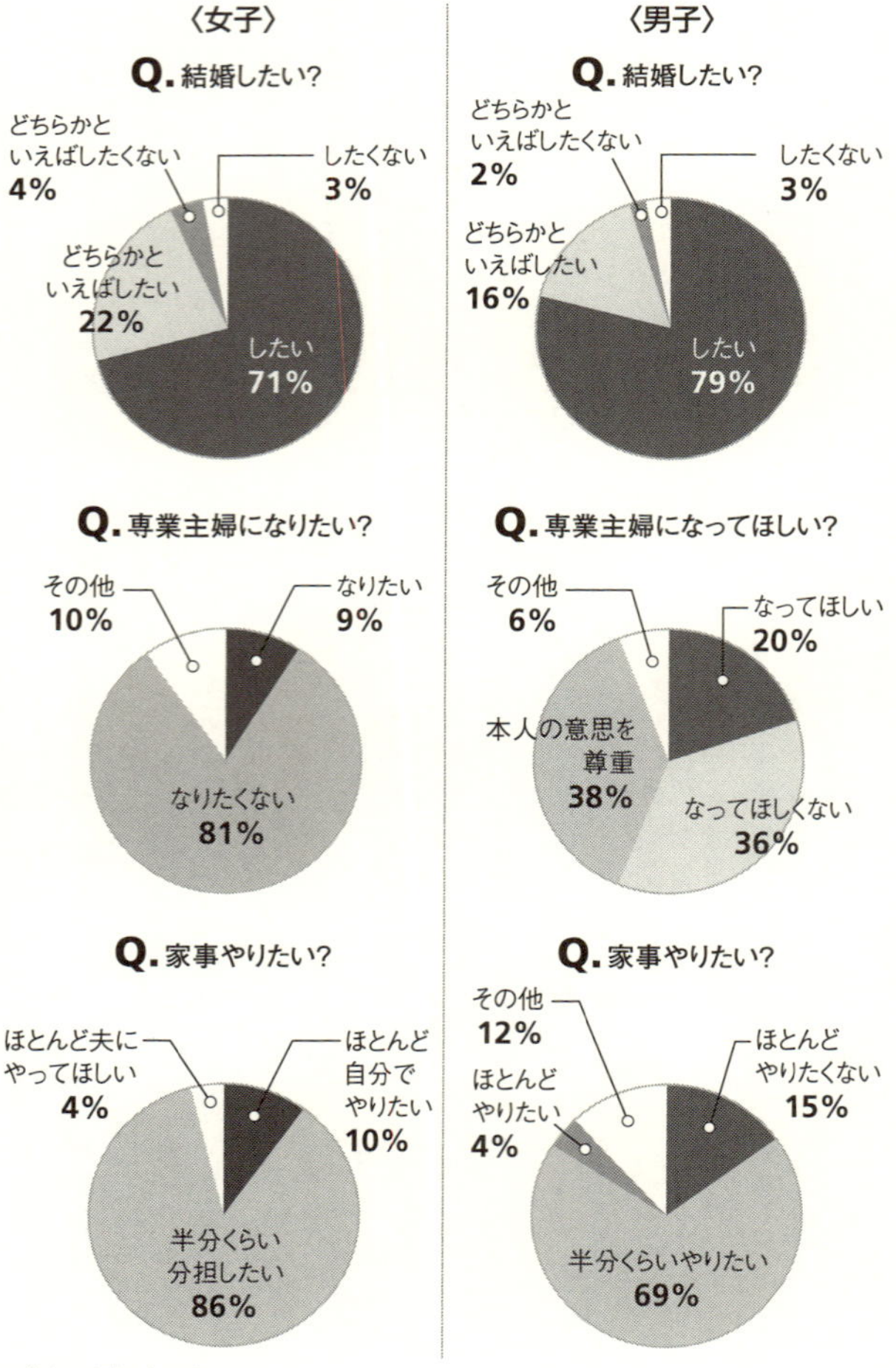

※「biscUiT」Vol.10より

「かわいい」について、東大女子約100人にアンケート

Q. 朝メイクにどれくらい時間をかけますか？

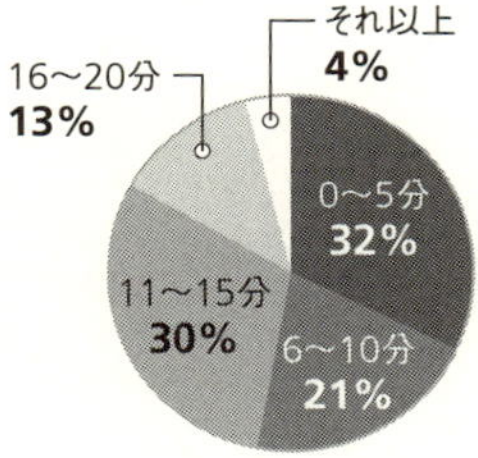

Q. どちらになりたいですか？

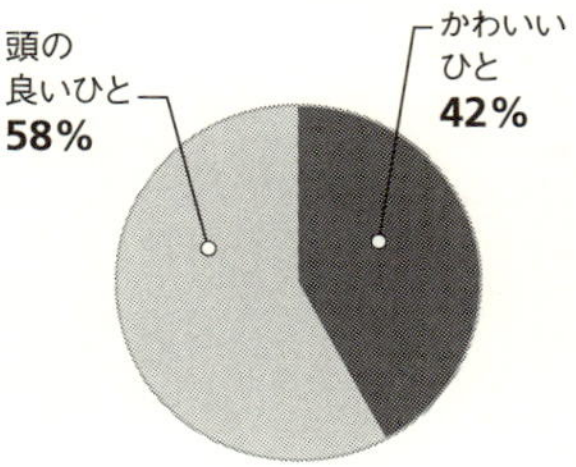

Q. おしゃれは好きですか？

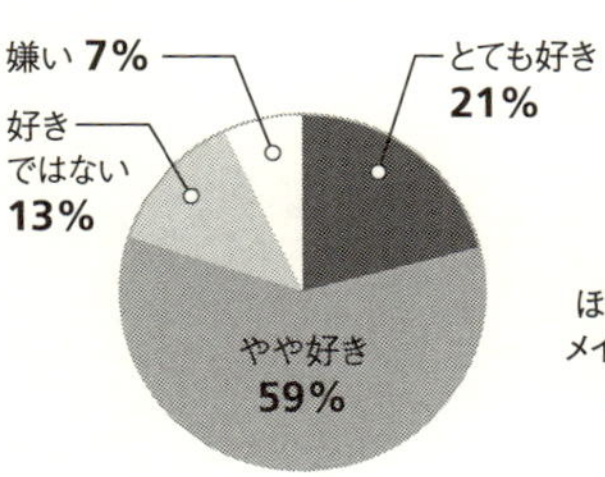

Q. すっぴんで大学に行きますか？

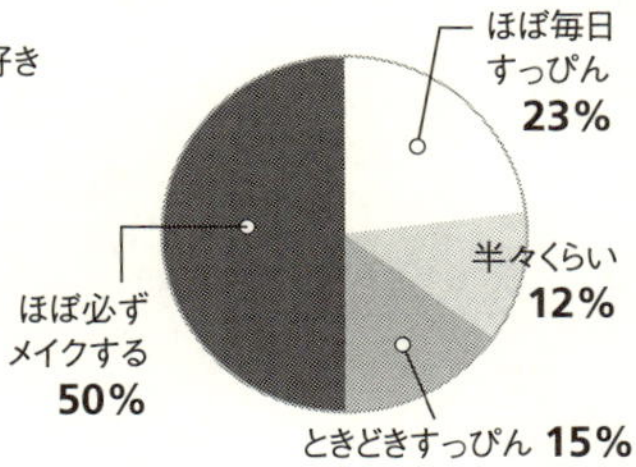

Q. 髪を染めたりパーマをかけたりしていますか？

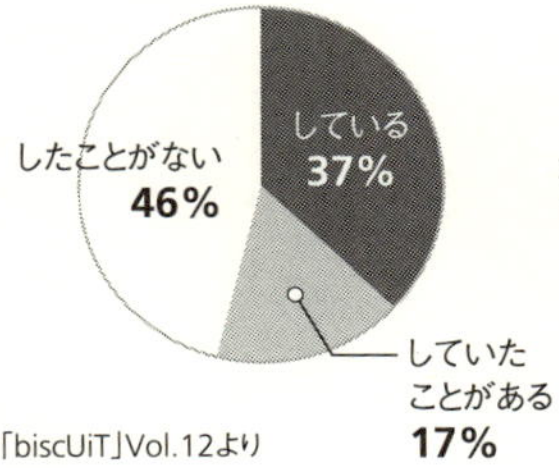

Q. どのようなファッションが好きですか？

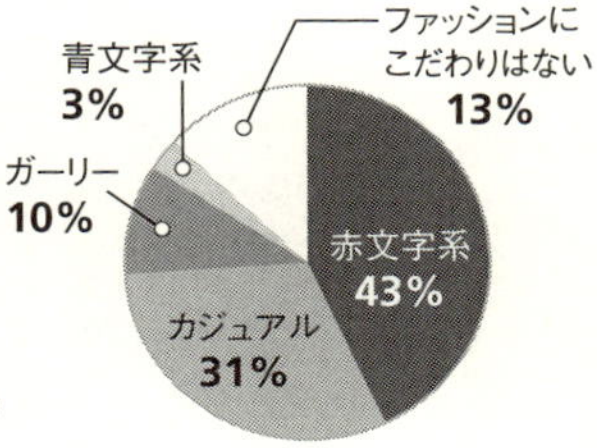

※「biscUiT」Vol.12より

東大男子は前途洋々、東大女子は落とし穴

20人くらいの編集部員がいるという。現在の東大女子の実態を知るならば、自身も東大女子でありながら東大女子であることを相対化してとらえている彼女たちに話を聞くのがいちばんだろうと、取材を申し込んだ。

駒場キャンパスのイタリアン・トマト・カフェに現れたのは、文Ⅲの1年生の森田玲奈さん（仮名）。ナチュラルメークの小柄で色白な女性。ジーンズにスニーカー、カーキのジャンパーというラフな出で立ち。

なぜ「ビスケット」編集部に入ったのか。

「高校生のころ、ネットで『東大女子は生きづらいのか？』みたいなことを調べていたときに、ビスケットのホームページがヒットして、存在を知りました。メンバー全員東大女子というところもいいし、もともと雑誌が好きで、編集みたいなことに興味があったので、入学できたらここに入ろうと決めました」

東大を目指しながら、東大女子の生きづらさをネットで調べるのはなぜか。

「模試の結果が悪かったときに、東大の悪いところを探そうと思ったんです（笑）」

なるほど。その姿を想像すると思わず笑ってしまう。しかし男女にかかわらず、東大に

不合格になった人たちが、そこにルサンチマンを感じるということは往々にしてあるだろう。

「だから早稲田、慶應あたりのひとたちに対しては、勝手にこっちが気を遣っちゃうことはあります。もしかしてこの中に東大を不合格になっていまでもそれを引きずっているひとがいたらどうしようと。完全に余計なお世話だとは思うんですけど」

実際に「東大」に対してコンプレックスを抱いているひとが、学生に限らず一定数いることは間違いないだろう。一方で、東大生の側がそれを気にしすぎるという部分もなきにしもあらず。そこに見えない壁ができる。

「東大の授業の中でも、女子が大きな声で発言するとあまりいい顔をされません。一部の女子を除いて多くの女子は、空気を読んで『わかんない』って顔をすることがあります。男子に対しては論破しないように気をつけています。東大に来ているような男子はプライドがすごく高いので（笑）。バカだと思われているほうが東大の中でもうまくいく気がします」

東大の教室の中ですら、そんなことにまで気を遣わなければならないとは驚きだ。慣れてくればもっとうまい対処ができるようになるのかもしれないが。

「東大に入ること自体にはすごく能力も必要だし、みんな、熱意をもって入ってくるんですが、同時に、東大に入ってしまってこれから先大丈夫かなっていう漠然とした不安もあると思います。インターネットを見ても怖いことばかり書いてあるし……。『結婚できない』とか『学歴で逆差別を受ける』とか、特に大学を出てからが怖い」

東大女子が結婚しづらいといわれるのはなぜだと思うか。

「東大女子をまともに相手してくれるのは東大男子だけなんですよ。学歴フィルターにかけられてしまうので。いわゆる『東大らしくない』タイプの東大女子の先輩がいるんですけど、この前、慶應の男子学生にナンパされて、しばらく歩きながら話をしていたらしいんですが、『で、キミ、大学どこ?』と聞かれて、『東大だけど』って答えたら、『私たち、低脳未熟大学でした。すみませんでした!』って言って逃げられたと言ってました」

コントのようなホントの話である。

合コンなどで、東大生であることをごまかした経験は?

「合コンに行ったことはまだないんですけれど、美容院で『上智です』みたいに言ったことはあります。掘り下げられると面倒だなと思って。そこで『聖心』とか言っちゃうと、あまりに別世界で話のつじつまが合わせられなくなるので(笑)」

でもやっぱり男性のほうが上じゃなきゃという気持ちは東大女子の中にもあるのか。

「それはありますね。男性って、自分よりも頭のいい人は嫌だというひとが多いじゃないですか。それで、東大女子が恋愛の面で苦労することはあると思います。でも、東大男子の対象はもっと広くて、女子大に取られてしまうという流れがあって」

インカレサークルについてはどう感じているのか。

「そういうサークルに入る男子はもう、『はいはい、そっち系ね』みたいな（笑）。彼らの人生プランと私たちの人生プランは交わらないんでしょうね。逆に、彼らがいることによって、東大生だけのサークルに入っている男子の株が上がるという面はあります。あとよく聞く話なんですけど、東大の男子は専業主婦の母親に育てられたケースが多くて、でも、東大女子はバリバリ働きたいひとが多いじゃないですか。そこで価値観がずれることはあると思うんですよね」

インカレサークルに集まる女子大の学生たちについては？

「インカレに入ってくるような女子大の女の子たちはやっぱり華やかでかわいいと思います。キャンパスにかわいい女子の集団がいたら、『あ、あの子たちインカレだな』って思います。でも、少なくとも在学中は交わることがないんだろうな」

良い感情も悪い感情も抱かず、自分たちとは住んでいる世界が違うのだと思っているようだ。

「それでいうと、モヤモヤするのは『東大美女図鑑』のほうなんですよ！　インカレのかわいい子たちは自分とは別の生き方をしていると思えるからいいんです。でも『東大美女図鑑』に出てくるような女の子たちは、東大生として自分と同じフィールドに立っているのに女の子としてのかわいさも兼ね備えていて、自分より上だから、ついコンプレックスを感じちゃうんです」

キャンパス内で東大美女をスカウトして写真集をつくって販売している編集部員についてはどうか。

「それは普通に嫌ですね。東大女子全体のイメージが上がるような方向ならいいんですけど」

大学としては女子を増やそうとあの手この手を講じているようだが。

「大学として女子をものすごくウェルカムしてくれているのはひしひしと感じます。自分が必要とされているような気がしてうれしいです。女子高校生にもっと東大のことを知ってもらうために、現役東大女子が自分の母校に行って講演をすると交通費プラス1万円がもらえるという制度もあります。帰省に合わせてやれば交通費が浮くのでありがたいです」

地方出身の東大女子に話を聞くと、高校生のときに、実際に東大に通っているカッコいい先輩と直接触れ合った経験が東大を目指すきっかけになったというケースが圧倒的に多い。ロールモデル効果である。そのことを考えると、現役東大生の母校への派遣には大きな効果が期待できる。

「実は私も例の家賃補助を受けています。今回は告知が遅かったので、もともと東大を受けるつもりだったところにそういう話がやってきてラッキーみたいな。あの家賃補助の制度のいいところは、女の子でも安心して住める、セキュリティーのしっかりしている物件を選んでくれているところです。その分、もとの家賃が高くて、3万円の補助をもらってもかかる費用はそれほど変わらなくなっちゃうんですけど。同じ値段でより安心で快適な物件に住めるということがメリットになります。でも満室にはなっていないようです。あれだけでは地方の女子を引き込む力としては弱いでしょうね」

逆差別だという批判もあるが。

「そこだけを見ればたしかに逆差別だとは思います。地方から来たくても来られない男子もいるだろうに。彼らに対しては、正直悪いなとは思います。でも一方で、東大男子は自分たちが日常的に優遇されていることに気付いていないんでしょうね」

実際気付いていないのだろう。東大女子たちがあえてバカなふりをしてくれていることにも。

「東大男子はこれからの人生、上り坂というか……。あれ？　上り坂というと苦しそうですよね。そうじゃなくて、いい意味で、上がっていくんだと思うんですけど、東大女子は、落ちていく一方なんですよ」

落ちていく一方というのは言いすぎか。東大男子の人生が順風満帆である可能性が高いのに対して、東大女子の人生にはこれからもまだまだたくさんの落とし穴があるというくらいのニュアンスだろう。

東大女子は、恋愛の悩みも独特!?

「ビスケット」は２０１６年の春、東大女子で集まって恋愛について語り合おうというイベントを主催した。会場は渋谷駅近くの薄暗いカフェ。ゲストスピーカーとして、30代の東大ＯＧと元ミスター東大も駆けつけた。

実は私もその場にいたのだが、そのときの様子を、これまた東大生によるwebメディア「UmeeT」の記事が面白おかしく伝えている。記事のタイトルは「【東大女子こじらせ】男2人がbiscUiT主催の東大女子会に潜入してみたら、本音が聞け過ぎて変な汗出てきた件」。現役東大男子の視点から覗いた現役東大女子会のレポートである。

東大女子には、普通の女子には考えられないような、偏差値のたか〜い恋愛の悩みがある。

「彼氏と話してても楽しくなくて、それなら家で本読んでるほうが楽しいなって」

「『今、彼氏いるんですか？』って聞かれた際に、『それって必要な情報ですか？』って訊き返してしまいました」

「勉強はやった分だけ成果が出るけど、恋愛はそうじゃない。生産効率性を求めた結果、恋愛から遠ざかってしまいます」

「相手の行動パターンが大体読めるようになると、学習完了。そろそろ別れた方がいいのかな…と思っていました」

しかし、彼女の悩みは、これぞ東大女子というものでした。

「スキルとして、彼氏との円満な別れ方がわからない」

何に対しても、理屈や妥当性の高い方法論を欲してしまうのです。


おそらく東大女子はこう思っているのです。

「なんでおめえらみたいにダッセー男どものために無理してオシャレしなきゃいけねぇんだよ。人に物言う前に、まずそのチェックシャツ脱ぎ捨てて、寝癖直してこいや！」

女子って怖いです……（全部妄想）。

東大女子がオシャレになれないのは東大男子がダサいからなんですね。

東大女子はモテないっていうか、「（彼氏作る気を）モッテない」人が一定数存在してますね。

東大女子は学内ではモテモテらしい。その点で不満はない。しかし一方で、東大の中だけ、で、通、用、す、る、モ、テ、で、い、い、の、か、という葛藤も感じられ、元ミスター東大が指南する「東大女子のための即効モテテク」にはみんな興味津々の様子だった。

イケメン東大男子の花嫁の選び方

現在社会人3年目のイケメン桑田和明さん（仮名）は現役時代、野球サークルに所属していた。マネージャーは白百合、聖心、清泉の学生で、サークル内恋愛は活発だったという。しかし最終的にいま、結婚を考えている相手はお茶の水女子大出身だ。

「学生時代は僕もチャラチャラしてました。でも大学院に行ってまじめに研究しようと思い始めたころ、塾のバイトでいまのカノジョと知り合いました。今日こうやって話してみて気付いたんですが、僕にはお茶大出身のカノジョがやっぱりちょうど良かったんだなって」

どういうことか。

「東大女子は苦手でしたね。文系の子は普通なんですが、僕は理系なので、ちょっと変わった子が多かった。まわりが見えていない子が多かったというか、授業の流れを止めてでも自分が納得いくまで先生に質問するとか、課題が与えられると急にみんなに指示を出すとか、ちょっとついていけない……。僕はもともと理Iで、物理を勉強したかったのですが、彼女たちといっしょに実験するのが嫌で、3年から文系の学部に進みました。文系には比較的女子が多く、性格も社交的で、普通に友達になれる女子がいました」

学問分野の性質上、文系よりも理系のほうが我が道を行くタイプが多いのかもしれない。その点は東大男子にも似たような傾向はあるだろう。

「僕が古いのかもしれませんが、やっぱり自分の中に、結婚するなら自分が上に立って引っ張っていかなければいけないという思いがあります。その点、僕は東大女子に対して『俺に付いてこい』とは言えません（笑）。一方、女子大の子たちは、男性に対する依存心が強すぎるとも感じました。それは学生のころに男子の虚栄心を満たすには非常にいいのですが、一生のパートナーとしてはちょっと心許ない。その両方を見て、僕が最終的にいちばんしっくりきたのが、2つのちょうど中間くらいにいるお茶大女子だったんです」

東大男子のリアルすぎる本音である。

「もっと抱かれろ」

「お茶大女子」を挟んで「東大女子」の対極にあるとされる「女子大女子」の「男性に対

する依存心」とは、「高学歴・高収入のいい男と結婚して、その夫に稼いでもらえば一生安泰」というような生き方を指している。

某有名女子大出身で大手証券会社に「条件付き総合職」として就職した社会人1年目の小川泰子さん（仮名）の話がその価値観に当てはまる。

「学生のころ、東大女子の友達もいました。でも頭の回転が速すぎて、何を言っているのかわかりませんでした（笑）。ときどき数合わせのために合コンにも誘いましたが、彼女たちはモテない。ネタを振ってもうまい返しができないし、バカになれないし、ノリが悪いから。東大女子が合コンで役立つのは、『この子東大なんだよ、すごいよね』って話を振っていじるくらい。あえてそこを選ぶ男子はいませんよね」

なかなか辛辣だ。そんな東大女子にアドバイスをするとしたら？

「もっと抱かれろ。頭がいいのは認めるけど、女としては正直見下しています。モテでは勝つ自信があります。私たちは頭の良さで勝負しようなんて最初から思っていませんから」

メークにもファッションにも手を抜いていないのがわかるし、話していて受ける印象は東大女子とはだいぶ違う。そんな彼女も、付き合い始めてまだ4カ月のカレシに3週間前にフラれたばかりだという。

「慶應出身で一流商社に勤めている27歳。おまけに親は大企業の重役という、最高のスペックだったのに！」

その割には落ち込んでいる様子はない。

「穴埋めはたくさんありますから～」

話をしている間にも、彼女の携帯電話には次から次へと男性からメールが送られてきていた。男性に対する熱意が、男性を引き寄せているのだろう。

「女子大女子vs東大女子」生存戦略の違い

インタビューに協力してくれた現役東大女子も、こんなことを言っていた。

「私の妹は、東大ではありません。女子大でもありませんが。それでも、妹の話題は男の子の話ばかり。友達ともどうやってカレシをつくるかということばかり話しているようです。それはそれで一つの生き方なのだと思います。妹のような立場に立てば、東大のインカレテニスサークルの存在も否定はできません」

女子大女子と東大女子、どちらが上とか下とかではない。「生存戦略」が違うのだ。

2つの違いをステレオタイプ的に描けば次のようになる。

女子大女子は、オンナとしての自分を磨き、より多くの男性を惹きつけ、その中から、現代の世の中を最も強く生き抜いていけそうな高学歴・高収入の男を選ぶ。結婚して子供ができれば自分は仕事を辞めて家に入り、子育てと夫の出世のために全力を尽くす。夫の出世と子供の偏差値が、自分の頑張りの成果になる。

東大女子は、自己実現を追求する。それを理解してくれるパートナーを選び、対等な夫婦関係を目指す。

東大女子の生き方のほうがいまどきな感じはする。

しかし夫がこれまた高学歴で、自己実現を追求していると、子供ができたときに、強い葛藤が生じる。二人してそれまで通りに働き続けることは不可能で、どちらかあるいは両方が仕事のペースを落とさなければいけないのだが、夫婦関係が対等であるがゆえに、どちらがペースを落とすのか、なかなか折り合いが付かないのだ。

そこで多くの場合は、妻が折れることになる。「子育ては女がすべき」という社会通念に最終的には押し切られるのだ。不満が残る。東大女子が陥りやすい落とし穴だ。

一方、夫の気持ちも複雑だ。自分と同様に高学歴な男性が女子大女子を妻として完璧なサポートを得ているというのに、自分の妻は、優秀だけれど仕事と家庭の両立でいつも余裕がない。よく不満もぶつけられる。自分の仕事への十分なサポートは期待できない。ましてや育児や家事を分担するとなれば、負担は大きい。会社の出世競争の中で、自分は不利だと感じてしまう。

人口減少局面に入った社会において、これからの夫婦が目指すべき方向性は「東大女子型」のライフコースであると、多くのひとが思っているだろう。しかし国民のライフスタイルが変化する過渡期において、優秀な東大女子でさえ強い葛藤を感じるのだ。ここで「東大女子」の生存戦略が「女子大女子」の生存戦略に負けたら、国民のライフスタイルも結局変わらないだろう。

鍵となるのは男性の価値観である。

第1章で瀬地山角教授が「東大女子と結婚した男性が家事をして共働きを継続できれば、生涯世帯収入は3億円増える」と述べていたのを思い出してほしい。妻の自己実現およびその成果として得られる3億円と目の前の自分の出世とを比べて、夫がどちらを優先するかという問題に換言できる。

＊

この章の補足として、現役東大生による男女別座談会を掲載する。前半は、「ビスケット」編集部の女子編集部員4人。後半は、「東京大学新聞」の男子記者3人。

●現役東大女子座談会（ビスケット編集部）

〈参加者プロフィール（仮名……学年／学部／サークル／アルバイト／出身地）〉

海野さん……1年生／文Ⅲ（文学部志望）／ビスケット、ダンスサークル、ふすまサークル／家庭教師／岡山県

堤さん……2年生／文Ⅲ（教育学部進学予定）／ビスケット／家庭教師／東京都

日向さん……2年生／文Ⅰ（法学部進学予定）／ビスケット／塾講師／福岡県

森田さん……1年生／文Ⅲ（文学部志望）／ビスケット、短歌サークル／家庭教師、喫茶店／石川県

話が通じるのは早慶まで!?

おおた　男の子関係から聞かせてください。ノーコメントならノーコメントでいいので、差し支えない範囲で。

海野　この前告白されたんですけど……。じらしてることになるのかな。

おおた　保留みたいな。

一同　(笑)。

海野　ちょっとそういうふうには見られないみたいな感じで言ったら「でも努力するから」みたいに言われて。

おおた　何を努力するんだろうね。

海野　私の理想のタイプみたいなのは伝えました。

おおた　告白されたのは、そのとき1回だけ?

海野　もう1人。

おおた　モテモテだね。森田さんは?

森田　付き合ってる人とかはいないです。そのためにサークルを探してます。

堤　バイトもそうでしょう?

森田　はい。出会いを求めて、カフェのバイトを。

おおた　そこは東大男子以外もたくさんいるわけでしょう。

森田　え、まあ、東大前なんですけど。

おおた　なんだ（笑）。日向さんは？

日向　まったく興味がないですね。なんか2人のガッツがすごいなって思います。勉強しなきゃいけないし、学校行かなきゃいけないし、これ以上関わるタスクを増やしたくない。

おおた　堤さんは？

堤　昨日で付き合って半年です。

おおた　お、おめでとうございます。相手は？

堤　文Iの2年生です。

おおた　東大で知り合ったんですか。

堤　地元の成人式イベントでたまたまいっしょに企画をしたメンバーでした。

おおた　じゃあ、この中でちゃんと彼氏がいるのは堤さんだけだね。4分の1だな。

一同　（笑）。

おおた　東大なんかに下手に女の子が行っちゃうと結婚できなくなるんじゃないのみたい

なことはいまだに割と世の中的には言われるフレーズだと思うんだけど。これに対して何か感じるとこあります？

海野　でも、やっぱり東大にいるうちにカレシつくらなきゃっていうのは。

森田　めっちゃ思う。

おおた　素直だね。

海野　社会に出て、早稲田とかの男の人は恋愛対象として見てくれるのかなとか。

おおた　大丈夫、見てくれると思うよ、実際はね。

海野　そうですかね。いや、でも心配ですね。私は別に気にしないですけど。

おおた　「私は別に気にしない」。

海野　あ、でも、あんまり偏差値が低い大学も嫌かな。

堤　どっちやねん。

おおた　相手の男の子の気持ちを先回りして考えちゃうというのは、前提として、やっぱり女性のほうが偏差値が高いとカップルとして成立しにくいよなっていうのがあるわけですよね。

海野　男の人は自分が優位に立ちたいのかなって思うので。自分よりいい学歴をもっている女の子は嫌なんじゃないかなと思います。

おおた　「嫌なんじゃないかなと思う」ね。

日向　これも偏見ですけど、学歴と話の通じる度合いって、ある程度比例すると思うんですよ。だから、自分と話が通じる相手と付き合おうと思ったら、やっぱりそれなりの相手を探したほうが勝率は高いんじゃないかな。

おおた　具体的な大学名でいうと、どのへんの大学までだったら通じそうな感じ？

海野　私、早慶までですね。

日向　早慶も、友達が行ってるのである程度推し量ることができちゃって。やっぱ東大ぐらいじゃないと。

おおた　そうか。

日向　「私はこう思う」って言ったときに、「ああ、でも僕はこうも思うよ」って返してくれるのは、やっぱ東大の男の子のほうが多い。

森田　ぐっときますよね。

日向　うなずいてくれるだけなら、別に家族でいいんですよ。わざわざタスクを増やすんだから、それなりの得るものがないと。

おおた　そこ、タスクなんだ（笑）。
日向　タスクじゃないですか！
堤　でも、やっぱり人によるんじゃないかなと思って。大学に行くことに対してそこまで志がなくて、ＡＯで入っちゃったような人がいるとしたら、なんかやっぱり、自分をもてないっていうか。そういうひととは話が合わないかな。「大学って就職で有利になるために行くだけじゃないの？」みたいに言われたら、「いや、違うんじゃない？」ってなっちゃうかも。
森田　論破しちゃう。
日向　論破しちゃえ！
堤　何かを頑張ってる人だったら、どんな大学でも関係ない。大学行ってなくても、たとえばスポーツを一生懸命やっているひととかだったら、そこで話が合うんじゃないかなと思う。だから、大学っていうよりはその人の志とか、人となりとか、そういうのが、やっぱりいちばん大事じゃないかなって。これ言うと、「でも東大生と付き合ってんじゃん！」とかよく言われるけど……。
おおた　たしかに。

堤　だってほかに出会いがないし。

森田　たまたま東大生だったんですよね。

堤　そう。

おおた　なるほど、なるほど。この話を受けて、何か？

日向　堤さんの言うことが、もうすごく正論ですけど、結局そういう人が多いのは、やっぱりそれなりの大学じゃないかなって思います。

海野　東大の人じゃないと、私は別にいいんだけどって思いつつも、何ていうか、あっちが気にしてるんじゃないかって常に不安になって落ち着かない。

おおた　「不安になって落ち着かない」って、面白いね。

海野　相手の気持ちを勝手に想像して逆にこっちが不安になるみたいな。そういう不安もなく、自分より上の人として敬い続けられるのって、同じ大学かそれ以上の人かな。やっぱりそれは男子のほうが女子より上っていうのが前提だからだと思うんですけど。

おおた　ああ、そうね。そうじゃないとバランスが悪いなみたいなものがそもそもあるから、不安になっちゃってってことだよな。

海野　相手にも私にも落ち着いていてほしいっていう。

日向　私の姉も実際それで別れたことがあって。姉は別の大学の医学部に通っているんですが、彼氏のほうが学歴が低くて、「僕は気にしないよ」って最初言われたのに、結局半年ぐらいでやっぱり無理ってなって。ああ、やっぱりそういうことって本当にあるんだなって思うと、慎重に選ぶしかなくなる。

おおた　そうしたらね、みなさんの相手は東大生しかなくなるよね。

海野　そうですね、たしかに。

日向　ね、このループですよね。

わざとできないふりをする

おおた　ステレオタイプな東大女子みたいなのっていうのは、いまはほとんどいないぞっていう感じ？

日向　見かけはしますね。

おおた　文Ⅲなら、もう女の子半分近くいるでしょう？

海野　４割います。

おおた　そうだよね。で、理系に行くと、またちょっと雰囲気違うの？

日向　違います。
おおた　それは違うんだ、やっぱり。同じ女子から見ても。
海野　違います。
日向　だいぶ違います。でも、理Ⅱの子は結構。
堤　うん、そうだね。
おおた　薬学部とか、あるからな。
日向　そうですね。
海野　理Ⅰは本当に30人クラスに女子2人とかなんで。
おおた　その女の子も、文系にいる子とは、ちょっと雰囲気違う？
海野　サークルにいる理Ⅰの男子に写真見せてもらったんですけど、「え、これ女の子なの？」って感じで。なんか、本当に男みたいな四角い眼鏡で、髪もちょっと、こう、ばさって感じの。
堤　なんか、先輩が言ってたよね。機械系の工学部だとちゃんとメークとかしているのはごく一部で、ほかの人はノーメークだし、服とかも「この組み合わせ？」みたいなのを着てきたりするって。

おおた そもそも、そういうところには興味がないんだろうな、きっとな。
堤 うん。それはそれで別にいいと思いますけど。
おおた 「ビスケット」の「東大男子特集」の巻頭インタビューで、日テレアナウンサーの桝太一さんが、東大女子について語ってましたよね。「特に女性はデメリットを感じるんだろうなっていうのは、周りの話を聞いて気付きました。どうしても間違いなく先入観を持たれます。同じことを言っても感じが悪くなることは間違いなくあって、だからこそ出すところと出さないところっていうのを分けてるかもしれないですね」って。これ、どう？ なんか実感伴うの？
日向 男の子からではないですけど、バイト先の人とかからは、まあ、やっぱり一を聞いて十を知るタイプだと勝手に思われているのを感じます。わからないことを質問すると「意外！」みたいに驚かれる。「いや、今日初日なんですけど」みたいな（笑）。
海野 私、夏休みに岡山に帰って、東京理科大に通っている男の子に会ったときに、なんかすごい普通に話してたんですけど、好きなタイプの話になって、「パソコンが得意な人がいいな」って言ったら、「パソコンできないんだ!?」ってちょっとうれしそうでした。完璧みたいに思われているから、逆に完璧じゃないとこをアピールするといいんだなって思いました。

森田　そう、その一環で私は男の子の前で知らないふりやできないふりをすることがあります。

日向　私は、本当はできるのにできないって言いたくないんですよ。プライドとして。知らないふりをするのは、自分的には嫌だ。

堤　できるものはできるって言うし、できなかったらできないと言う。はっきり言ったほうが、私は居心地がいい。

おおた　東大だと、やっぱり強い女性だったりとか、何でもできるとかっていうふうな見方をされやすいっていうのは全体傾向としてやっぱりあるのかしら。

一同　ありますね。

おおた　将来の夢とか目標みたいなものがあったらお聞きしたいんですけど。

海野　本が好きなのでやっぱり出版とかっていいなって思いますけど。すごい情熱をもって働きたいっていうのがあって。

森田　私も出版とかそっち関係を考えていて。でも、いい頃合いで結婚して。で、子供を産んで、中庭のある家に住んで、犬を2匹飼う。私にとっては就職よりも家庭のイメージのほうがゴールとしては強いです。

おおた じゃあもし、いい頃合いで結婚することができて、子供も生まれて、育休も取って、なんかそれで心地いいやと思ったら、仕事を辞めるっていうこともあり得る？

森田 まあ、あるんじゃないかなって。親も専業主婦なんで。欲をいえば、ゆったり働き続けたいんだけどどって感じですね。

海野 私は働き続けたいですけどね。一方で、私の母も専業主婦で、すごい家族を大事にする人だったので、そっちの姿への憧れもあるんです。でも、どっちもやるのはやっぱり無理だなって思うんですよね。

堤 ふーん。

おおた ふーんっていうのは、どういう意味？

堤 私はまず大学院に行きたくて。好きなんですよね、やっぱり新しいことを勉強したり、書いたりするのが。うまくいけば博士課程まで行くつもりだし。

おおた なるほど。

堤 でも、結婚はしたいし、子供は4人ぐらいほしいんですよ（笑）。だから、私がいま夢見てるのは、大学院に入るころに結婚して、院にいる間に1人目を産むこと。大学にいる間って、そこ柔軟なんですよ。すごい欲張りなんですけど、それも東大だから可能なんじゃないかなって思ったりはします。

日向　私は裁判官になりたくて。

おおた　そっち行くんだ。すごいな。

日向　そのために東大に来たようなものなので。

おおた　なるほど、なるほど。じゃあ、ライフコース的なとこでいうと？

日向　さっきも言ったんですけど、そういう恋愛とか結婚とかをまったく人生の勘定に入れてません。いまの生活のレベルを落としたくないから、父がいま稼いでいるくらいのお金は稼がなきゃいけないとは思ってて。結婚はまあ相手がいればですけど、子供はいなくてもいいかなって思います。もし司法試験とか無理だったら、もう1回勉強し直して医学部に行きたいなって思ってます。

一同　へえー。

おおた　子供を産んで仕事もやっていきたいっていうのを、欲張りみたいな表現でどなたかおっしゃっていたような気がするんだけど。たとえば東大出身の男性で、バリバリ仕事をしながら子供は3人いるというケースは、世の中にたっくさんあるよね。

一同　うん。

おおた　で、彼らは欲張りだとは言われない。だけど、みなさんの意識の中で、いま、普通に話してる中で、無意識に、「仕事も子育てもっていうのは欲張りかもしれないけど」っていうふうな表現が出てくるっていうところに非対称性を感じるわけなんだけども。どう？

海野　いや、思いますよ。すごい不公平だなって思います。

おおた　それ、やっぱりもう見えてるのね。

海野　はい。私、働きたい。働きたいけど、でもうちの母がすごい、もう日本の伝統を大事にする人で、9月には月見団子をつくって家族で食べたりする。そういう家庭的な女性にも憧れるし、うちの父のようにめっちゃ仕事頑張る姿にも憧れるし。なんか男性らしい自分と女性らしい自分が両方いて。

おおた　いいじゃない。

海野　でも、その両立はできないと思うんですよ。仕事を頑張るなら家事はやっぱり雑になってしまうだろうし、家事をメインにするなら仕事はなんかちょっと中途半端になってしまうだろうし。

おおた　お父さんの役割も、お母さんの役割も両方やりたい。それは難しいもんな、実際な。お父さんの役割を自分がやって、旦那さんが月見団子つくってくれるっていう、それはあんまり想定してない？

海野　そんな人がいるのか？　でも、いたらいいかもしれないですね。

おおた　そこなんだよ、問題は。仕事続けたいですよと、バリバリやっていきたいですよと。世の中の男性に負けない実力は少なくとも学力の面では証明してますよねと。でも、子供ができて「月見団子をあんたつくってくれない？」って頼んだときに、「え、なんで俺が？」って言われかねない。

堤　結婚する前に、そういう話はしないのかなって、逆に思っちゃいますけどね。だって夢を追い求めるって、別に男女に関係なくやっていいことじゃないですか。だから、そういう話をして了解を得たうえだったら東大同士でも両方仕事して、家事もちゃんと分担ねとか、決めるもんなんじゃないかなって思うんですけど。でも、そういうのがないからきっと大変なんでしょうね。子供も2人で「ほしいね」ってなって産むわけだから、子供の世話を男性がやるのも当たり前だし、家事も当たり前だし、比重とかは話し合いで決めればいいと思いますけど。全部女性がやらなきゃいけないとかっていうのはおかしいなって思って。みんな同じ家に住んでるわけで、お互いに何かやってるからこそ、その家庭が成り立つわけじゃないですか。

海野　うちでは、父が100%稼いで、母がそれを100%使ってます。逆に母が料理、裁縫、洗濯すべてやってて、それはそれでお互い補完してるなと思うんですけど。

堤　お互い了解してるんだったら全然成り立つと思うし、いいと思うんですけど。ただ、どっかで疑問をもってるなら、ちゃんとお互いが納得できる合意が必要だなって。

おおた　子供が生まれても、やっぱり働き続けたいんだって、しかもそこはスローダウンするんじゃなくて、そのままのスピードで仕事も続けたいんだっていうふうな思いをもっているんだったら、それはやっぱり事前に話し合っておかないとね。もう生まれちゃってからしようとすると、どっちかがやっぱり折れなきゃいけないっていう、すごい究極の選択をしなきゃいけなくなっちゃって。そこでいうと、やっぱり日本の社会においては男性が結局押し切っちゃうっていうことが圧倒的に多くて。特に東大男子なんかだと、まわりからの期待も大きいだけにキャリアを降りる判断をするのは難しいと考えられる。

森田　やっぱり私は、結婚相手は多分東大生でって考えているところがあって。そしたら実質不可能だろうってあきらめてるとこが強いです。

おおた　実質不可能っていうのは、仕事続けていくのが？
森田　そう。相手が私の代わりに家の仕事をしてくれるっていうことが、きっとないだろうと。うちの父親が東大のひとで、女は家庭に入るものみたいな雰囲気の考えが、うちの家系的にも強くて。
おおた　自分の中にもすでにそういう価値観が。
森田　私が妥協する前提が、割とできあがっている感じですね。むしろ逆に、これはこれで丸くは収まるのかなとは思いつつ。
海野　じゃあなんで東大に行こうって思ったの？
森田　いや、行けるところでいちばん上で、いちばんやりたいことができそうだったので。

最も多くの選択肢があるひとたち

おおた　すごい核心に迫ってきたよね。日向さん、どうですか？
日向　そもそも結婚願望がない。
おおた　ねえ（笑）。いまの話を聞いてて、どう思った？
日向　話を聞いていて、やっぱり結婚しないほうがいいかなって。

一同　（笑）。

森田　悪いイメージを植え付けてしまった。

日向　嫌な思いするぐらいなら結婚しなくていいかなって。みんなの話聞いても、自分の両親を見ても、あきらめの感情が来る。そもそも私は家事が全然できないので、父からも「絶対お手伝いさんを雇いなさい」って言われてて。

一同　（笑）。

日向　だから、お手伝いさんを雇うために働きたいっていうモチベーションにもなってるっていう。

おおた　それも一つだよね。

日向　お互い働きたいって思ってるなら、お手伝いさんを雇えばいいのに。どっちも働いてるならその金銭的な余裕はあると思うんですよ。だったら、そうすればすべて丸く収まるのになって。いろいろとらわれてるなって思う。

おおた　そうか、そうか。それでいうと、いますでに共働きの家庭のほうが多くなっている。それはなぜかというと、男一人の稼ぎでは家族を養っていけないから。必要に迫られて共働きっていうケースがほとんど。それでも家計はギリギリ。ただ、みなさんが結婚する可能性の高い東大男子は、多分できるんだよ、男一人の稼ぎで家族を養うっていうのが。だから、みなさんには自分が働き続けるっていう選択肢もあるし、専業主婦になるっていう選択肢も残されてるの。だけど、世の中のほとんどの女性には、それが残されてないんだよね。だからこそ、他大からサークルに入ってくるっていう。

海野　なるほど。

森田　専業主婦になりたいのか。

おおた　それが選べるっていうこと自体が、ごく限られた人たちの特権であったりするので。

森田　なるほど。

おおた　だから、みなさんは、実は相手の学歴さえ問わなかったら、いちばん選択肢のあるひとたちなんだよね。だって東大男子には専業主夫になるっていう選択肢は基本的にないじゃない、いまのところ。だけども、選択肢が豊富でしかも高レベルだからこそ葛藤も強いっていうのが東大女子なのかなっていう。

海野　なるほど。

おおた　なるほどって思う？　いまの話聞いて。

海野　思いました。
森田　選択肢ができちゃうからこそ悩むんですよね。
おおた　そうだと思うよ。だって、ほかの人たちは、「オマエも働いてくれ」って言われるんだもん。
海野　なるほど。
堤　たしかに。

●現役東大男子座談会（東京大学新聞編集部）
〈参加者プロフィール（仮名……学年／学部／サークル／アルバイト／出身地）〉
大森さん……2年生／文Ⅰ（法学部進学予定）／東京大学新聞、ゴルフサークル／塾のチューター／大阪府
桜井さん……2年生／文Ⅰ（法学部進学予定）／東京大学新聞／塾講師、家庭教師／埼玉県
日比野さん……3年生／経済学部／東京大学新聞／テレビ局／東京都

女子の事情に疎すぎる男子校出身者

おおた　ついこの間「東大新聞オンライン」を見たら、人気記事の1位が「高橋まつりさんの死は人ごとか　東大ＯＧの過労死を巡って」でした。東大生としてあの事件をどうとらえていますか？

日比野　あれだけひどい事件があったのに、東大の中ではいまだに電通が人気企業であり続けていることに違和感を覚えました。自分は大丈夫だと思っているのか、どこか他人事なんです。

おおた　ああいう事件はあったけれども、やっぱり電通に入れるなら入るでしょ、みたいな。

日比野　東大生の就活では、とりあえず商社とか、とりあえずコンサルみたいな考え方があります。とりあえず就職人気ランキング上位の会社を目指すんです。それは高校生が「偏差値がいちばん高いのが東大だから東大」という単純な発想で進学先を選ぶのと似ています。その意識が、抜けていないんじゃないかと思うんです。

おおた　自分にとって何が大切かとか、自分が何をしたいのかとか、人生の選択においてそういう視点が欠けているのではないかと、東大生に対して訴えたかったわけですね。そのような傾向は東大生に限ったことではないとは思いますが、一番であることへのこだわりは、負け知らずの東大生だからこそ強く残ってしまう部分はあるかもしれませんね。

日比野　電通志望の東大生に、なぜ博報堂ではなくて電通なのかと聞いても、業界ナンバーワンだからという答えが返ってくることも少なくないんです。

おおた　高橋さんが東大女子だったこともあり、あの事件には大きな注目が集まりました。最近東大では男女比のアンバランスがよく話題になっていますが、東京大学新聞でも学内におけるジェンダー問題について何度か記事を掲載しているようですね。

日比野　サークルへの運営改善を求める文書が副学長名義で出されたことをきっかけに、学内のさまざまなジェンダー問題について、瀬地山先生に聞いてみました。例の文書が出されたときに、世間的な話題になりましたよね。それだけ異常なことなのに、東大にいると感覚が麻痺してしまうというか、あれが普通に感じられるようになってしまうのがちょっと怖いなと感じました。僕自身、入学当時は強い違和感をもったのですが、次第に慣れてしまっていたんです。

大森　この記事が出たときにはまだ編集部に入りたてで、ほとんど読者感覚で読みました。

そのときの印象としては「東大女子が入れない、あるいは入らないサークルがあるのは、そりゃ、そうやろ」みたいな。

おおた　「そりゃ、そうやろ」というのは？

大森　根本的に東大の男女比率に問題があると思うので、こういうサークルができるのは当然の帰結だろうなという意味です。

桜井　僕も、いまの状況はなるべくしてなったのかなと思っています。テニスサークルだけじゃなくて、そのほかのスポーツサークルでも、音楽系のサークルでも同じ構造があります。

おおた　みなさんはインカレサークルには入っているのですか？

桜井　入っていないです。

大森　僕は一応インカレのゴルフサークルに籍だけ置いています。

日比野　僕はもともと高校までテニスをやっていたのですが、インカレサークルが嫌だからいまはテニスをやっていません。でも、インカレサークルに入っている友人はたくさんいます。彼らに聞くと全然悪意はないんです。

おおた　もし男女比率が半々になったら、こういうサークルはなくなりますかね？　残る可能性もあるんじゃないかと思うんですけど。

日比野　ゼロにはならないかもしれませんが、いまよりは緩和すると思います。一部の「お見合いサークル」はなくならないかもしれないですね。

大森　別の号では学内のジェンダー問題についてアンケートを取って発表しています。

日比野　僕は瀬地山先生にインタビューもしているし、ジェンダーについては考えていて、「東大女子は大変なんだろうな」と思えているほうだとは思うんですが、それでも十分じゃないようです。東大女子から、「あなたは全然このつらさを理解していない」と言われます（笑）。

おおた　東大であるかどうかは置いておいたとしても、いまの社会において女性がキャリアを積み上げていくうえで強い葛藤を強いられるというのは、ありますからね。同じ東大生でも男性と女性で違う部分、ほかにはどんなところに感じます？

日比野　女子学生への家賃補助の記事を書いたときには、「あれは積極的な後押しにはならない」という意見が目立ちました。金銭的な問題よりも、まわりの雰囲気が問題だと。

おおた　まわりの雰囲気？

日比野　「女の子なのに、東大に入ってどうするの？」というプレッシャーです。

おおた　それは象徴的なフレーズですよね。

日比野　僕がその話を聞いたのは大学に入ってからでした。僕は浪人して東大に入りましたが、そんなことは一度も言われたことがありませんでした。ということは、いま同じクラスにいる女子たちは、東大に来るために僕以上の覚悟が必要だったんだろうなと想像するわけです。

大森　東大には僕のような男子校出身者がすごく多いんですね。女の子の事情がさっぱりわからない。こういう取材に対しても答えられない。そういうひとが東大には特に多いと思うんですよね。

おおた　共学校なら女子たちが将来のことを考えているのをなんとなく近くで感じることができるかもしれないし、女子校の場合なら、出産可能年齢から逆算してどんなライフプランがあり得るかとか、結構シミュレーションしたりするんですけど、男子校ってそのへんの知識がまったくないまま大学生になってしまうケースが多いですからね。頭がいいなら東大行っとけみたいな。

大森　ほんとにそうなんですよ（笑）。

桜井　僕は有名進学校の出身ではなかったので、東大の女子率がそんなに低いことをそもそも知りませんでした。同じ高校の同級生の女子が何人か東大を受けましたが、「何が何でも東大」というほどにはこだわっていなかったように感じました。

日比野　僕は都立の進学校出身で、東大にもたくさん入っていますが、そこでも僕よりも全然頭がいいのに、慶應に行くような女子もいました。浪人してでも東大という女子もそんなに多くありませんでした。

男女ともにある東大生のプライド

おおた　将来のパートナーとの役割分担とかは考えますか？

大森　ちょっと考えたことはありますけど、具体的にはほとんど……。結婚相手が見つかれば結婚して、子供が生まれたら世話して……くらいですね。

おおた　仮に妻から「子供が生まれても働きたいから、あなたも週に半分は保育園の送り迎えや家事もしてくれなければ困る」と言われたらどうしますか？

大森　そういう考えの両親でしたし、僕もそこは同じくらい負担すべきという考えはあるんですけど、実際そう言われたら、「半分」は無理かなぁ。

桜井　協力したい気持ちはあっても、それこそいま議論されている「働き方改革」の中で解決される問題でもないような気がします。

日比野　僕は記者になりたいと思っていて、いまマスコミでアルバイトもしています。この人たちの働き方を見ていると、まあ家のことは何もしていないだろうなと思います。でも、家庭があって子供もいるのだとしたら、そういうライフスタイルであること自体がパートナーに対して不義理だなと思うんです。だったら子供は無理につくらなくてもいいかなとも思います。

おおた　みなさんすごく正直に、無理そうだなと言ってくれたんですが、育児や家事を「やる」「やらない」という選択権は男性の側にあるのかな？　たしかに出産は女性にしかできないけれど、それ以外のことは男性でもできますよね。極端な話、男性が専業主夫になるというケースがもっとあってもいいはず。

桜井　でも「ヒモ」とか言われますよね。この社会では、そういう男性は、そもそも結婚が許されないんじゃないですかね。

おおた　「オマエ、男のくせしてうちの娘に養ってもらうつもりでいるのか」みたいなことですね。仮に東大女子が専業主婦になっても「ヒモ」とは言われないわけで。男女が入れ替わっただけで、「ヒモ」と言われたり、そういう男性と結婚している女性も「男を見る目がない」とか陰口をたたかれたりするんですよね。

日比野　そこで一つ思うのは、男子の中にも、東大生特有の「やるんだったら一番を目指そう」みたいな気持ちがあるのかなと。それが会社に入ったら「出世をしたい」という気持ちになるのだと思います。

おおた　しかもきっと、出世頭じゃないと気持ち悪いんだよね。

日比野　そこにとらわれてしまう意味で、僕も含めて、東大生は実は自由ではないですよね。頭ではそういう構造は理解していますが、いざそのときになって、出世をあきらめて仕事のペースを落とせるかといったら、難しいかもしれない。

大森　プライドがありますよね。

おおた　ほかの大学の学生よりも「一番へのこだわり」が強い傾向は、東大生にはあるかもしれないですよね。そこは男女ともに。一方で、東大女子の心の中にも、世間一般の女性と同じように、「自分よりもできるひとと結婚したい」というジェンダーの刷り込みは存在している。結果、相手は東大生しかいないということになりがちなので、東大女子の約7割が東大生と結婚する。夫婦ともに「一番へのこだわり」を妥協できないから強い葛藤が生じる。構造的にはそうやって説明できそうですよね。

日比野　僕が個人的に思うのはですね、仕事でもバリバリ出世して、子育てもしっかりやるというのは、やっぱり無理なんじゃないかなと。そのときにたとえばどっちかをあきらめるという選択もありじゃないかなと。

おおた　それはその通りなんですよ。ただそのときに、常に女性の側があきらめることで成り立つ夫婦関係や社会というのはどうなんだろう？

日比野　なるほど、そういうことですね。そうすると僕の中にも無意識のうちにありますね、もっと女性の立場に立って考えなければいけない部分が。

おおた　「俺、当然、働き続けるよね」みたいなものが、男性の気持ちの中には大概あるじゃないですか。僕の中にも若いころはありましたよ。

一同　うんうん。

日比野　一般社会においては女性があきらめる構図になっていると思うんですが、東大女子に関しては違う場合も多いんじゃないでしょうか。そこは東大男子と同じプライドの持ち主なんで（笑）。

おおた　だからこそ東大カップルだと葛藤が強くなることは考えられますよね。東大女子の場合、一般の女性よりもキャリアを降りることへの抵抗感は何倍も強いかもしれないですから。

一同　うーん、なるほど。

第3章

「ガラスの天井」と「落とし穴」

「学歴コンプレックス上司」の悪意

「東大に入ることがある意味で空気を読むのをやめる禊《みそぎ》になっているのか、自分で考えて自分で選択して単独で行動する傾向がある。細かいことを友達に相談したり、誰かといっしょに行動したりするようなタイプは少ない。共感や感情よりも、概念や理屈の構成でひととコミュニケーションする傾向が強い。無駄に自己主張しなくても言語で反応できる」

東大女子の傾向をそう分析するのは、フリーのコンサルタントとして働く青山幸恵さん(仮名)。現在アラフォー、自身も東大出身だ。

社会に出てからはどうか。

「東大出身であるということで、理解力や基礎能力は高いと思ってもらえることが多い。結果として、上司のサポート役や考える仕事にアサインされやすい。仕事での指摘は男子よりは優しくなる傾向はあるかもしれないが、一応理解力はあるとの認識からきちんと言葉で説明しようとしてもらえる。逆にいうと、感情的に叱っても言うことを聞かないと思われているかもしれない」

ただし、学歴コンプレックスのあるひとからは、「東大ならこれくらいできるだろう」

とか「東大のくせに」という言い方をされることもある。東大出身者が多い環境で失敗すると「東大のはずなのに」と言われることもある。「東大」という看板がついて回る。これは男女にかかわらず、東大出身者の多くが感じることらしい。

「女子」であるがゆえに感じる理不尽もある。コンサルタントとしてさまざまなクライアントと接する中で、「どんなに優秀なコンサルタントでも、女性となると管理職にとっては心理的な抵抗があるので、うちの会社ではちょっと無理なんです」「女性はどうしても頭の良さでは男性にかないませんよね」という差別的発言にいまだに遭遇するというから驚きだ。

青山さんは東大卒業後、体育会系気質で知られる人材情報系の企業に就職した。しかし「日本語が合わなかった」。問題解決に結びつかない情緒的な日本語が多く、面倒くさかったと振り返る。

上司の学歴コンプレックスも経験した。GMARCH出身の体育会系上司から「俺は東大出身で仕事ができるやつに会ったことがない」と面と向かって言われたこともある。

「期待通りの仕事ができないことと出身大学に直接の因果関係がないとわかったうえで、あえて大学名をもち出す。こちらが嫌がることを言ってやろうという、一定の悪意を感じざるを得ませんでした」

性別、年齢、学歴、収入で相手への態度を変えるひとは多い。学歴だけ負けていることがしゃくだったのかもしれない。

あるいは仕事への取り組み方やとらえ方が違うのかもしれない。

「東大生は1人で分析的に熟考して課題解決に取り組む傾向がある。それは受験勉強という孤独な作業の延長線上にある癖なのかもしれない。その分、ひとに相談しない。決めるまで時間もかかる」

そのスタイルが、合うひとと合わないひとがいるのだろう。

青山さんは東大の入試の解答用紙に東大生の気質を見ることができると指摘する。

「東大の入試は記述式が多いのですが、解答用紙には文字数を規定するマス目があります。問われているイシューを的確につかんで、枠の中でまとめる実務的な力が試されていることがわかります。一方で、京大の解答用紙を見ると、解答欄は空白です。自分のスタイルで解答しなさいというメッセージです。その違いが、東大と京大の学生の気質の違いをよく表していると思います。その意味で、東大生は、課題を設定してもらえると最高のパフォーマンスを発揮できる。でも社会に出てからしばらくは、適切な問いの設定を自らできるようになるまで時間がかかるかもしれない」

女性より男性が成長しやすい企業の環境

東大女子と東大男子の両方を部下にもつという金融大手の管理職に話を聞いた。岡部太郎さん（仮名）、40代半ば、東大出身ではない。

「東大生は、もちろん理解力が高い。明示的に出された課題の解決に関しては圧倒的な強みがある。しかし、一般企業において、ひととひととが有機的に結びつく組織の中で円滑に仕事を進めるためには、気遣いというか、機転というか、対人的反射神経がものをいう場面が多い。その能力においては、東大出身者は入社の時点で他大出身者よりも遅れをとっている印象がある」

「対人的反射神経」とはおそらくノンバーバル（非言語）なコミュニケーション能力であろう。言語で明示的に指示を与えられるのではなく、まわりのひとたちの表情・しぐさ・口調・ムードから次に自分がとるべき言動を判断する能力だ。

「空気を読む力」に似ており、やりすぎると「同調圧力」や「予定調和」となるが、一方で人間の意思疎通の大半はノンバーバルコミュニケーションに頼っているともいわれており、そこがスムーズでないと人間関係に滞りが起こりやすい。

先述の青山さんの分析通り、東大生が「共感」や「感情」という非言語的要素より「概念」や「理屈」という言語的要素に反応しやすいとしたら、相対的にノンバーバルコミュニケーションが苦手だと思われても仕方がないかもしれない。

「それでも東大男子は、男社会でもまれ、その中で鍛えられる。その点、東大女子は不利。もまれる機会が少ないからです。それが成長の差になってしまう」

岡部さんが勤めるのは男社会の権化のような極めて日本的な大企業。正社員には、いわゆる「普通の総合職」と「条件付き総合職」の2種類がある。条件付き総合職のほとんどは女性で、その中に早稲田や慶應出身の女性はいるが、東大女子は1人もいない。東大女子は100%普通の総合職。普通の総合職の男女比率は20：1。

世間では男女共同参画や女性の活躍といわれていても、企業の体質は完全なる男社会で変わらない。その中で、若手男子社員は男社会のルールに自然に適応し、少々手荒い指導も受けながら急速に成長していくが、圧倒的マイノリティである女子社員の場合、そもそも男社会への適応が難しいうえに、まわりの遠慮も働いて、成長の機会が男子社員に比べて少なくなるというのだ。

「その状況をつくらないのが上司の役割なのですが、現実的にはこれがなかなか難しい。男子社員と同じように接すると、パワハラやセクハラになってしまう可能性があって、腫れ物に触るような態度になってしまう。電通の高橋まつりさんは、過度に男社会に適応しようとして苦しんだのではないか」

男子社員に対しても、もちろんパワハラやセクハラはNGだ。しかし同性同士の人間関係と、異性との人間関係では、距離感が違うように感じられるのも事実だろう。

男子社員は、失敗を通して成長する。男同士の安心感の中で、失敗を恐れなくもなる。しかし女子社員は、特に東大女子は、極度に失敗を恐れ、慎重になりすぎる傾向があるという。それでますます成長の機会が減る。

「ダメ出しに対する耐性が低いので、こちらもできるだけ理屈で説明しようと試みるのですが、そうすると彼女たちはもっともらしい言い訳をする。どうやってこの状況を打開するかということよりも、自分の正しさを証明することにこだわってしまっているように見える。その意味で、扱いづらい」

特に若手のうちは、70点の仕事をたくさんしてほしいのに、東大女子は一つの仕事で120点を出そうとする傾向がある。それで時間がなくなって、結局まわりの社員が帳尻合わせをしなければいけないということも起こる。

「そうこうするうちに、成長の差が、仕事の成果の差となって表れ始めます。私の部署には2年目の東大女子と1年目の東大男子がいますが、なんと1年目の東大男子が入社して約半年で、2年目の東大女子を仕事の成果で追い抜いてしまいました」

その東大女子は鳴り物入りで部署に配属された。当然ながら周囲の期待は大きく、本人もやる気に満ちていた。しかしなかなか成果が出せない時期が続くと、次第におとなしくなってしまった。

「その東大男子はたしかに最初からずば抜けて優秀でしたが、ここまで成長スピードに差が付いてしまうのは本人のせいではなく、もともとの企業風土が男性向けであるという構造的な問題でしょう。その点で女子社員は気の毒です。さらに入社して6〜7年もすれば、優秀な人材は頭角を現します。もうその時点では成果がすべてで、学歴なんて関係ありません。多くの東大生はそこで生まれて初めて東大生以外に負けるという経験をします」

同期の中で出世に差が生じれば、悔しさや焦りを感じるのは当然だ。しかし男子社員の場合、まわりを見渡せば同じように悔しい思いをしている同期が何百人と見つかる。いっしょに酒を飲みながら肩を組んで「俺たちもそれぞれの得意分野で頑張ろうぜ」などと慰め合える。

　しかし総合職の女性は少ない。東大女子に限れば年に数人。その中で1人でも先に評価されると、まわりの東大女子は焦る。母集団が小さいからこそ、東大女子は仲間の中での序列を気にする傾向が強いと岡部さんは指摘する。

「焦って視野が狭くなってしまうと、仕事の成果ではなく、自分の人格が否定されたような気がしてしまうのではないでしょうか。客観的に見て仕事の成果で負けているのに、それを認めようとしない。まわりからの評価と自己像が乖離《かいり》して、人間不信、職場不信になってしまいます」

　これが、優秀な東大女子が男性中心の企業風土の中で埋もれていってしまう悪いシナリオだというのだ。東大女子が卒業して早々にはまるかもしれない落とし穴である。落とし穴を回避する方法として岡部さんは次のように提案する。

「圧倒的に男性向けの企業風土は早急に変えていかなければなりませんが、現実には、そう簡単に変えられるものでもない。過渡期に入社する女子社員は大変です。男性に有利なルールの中で、男性と同じようにふるまうのでは不利。しかし男性ばかりの組織において、女性であることはそれだけで差別化ポイントにもなります。男社会の中で男性と同じようにふるまうよりも、ときには男性の苦手分野でこそ能力を発揮して勝負するほうが、結果的にうまく現実に適応できるのではないかと思います。それは決して卑怯じゃない」

商社に合う東大女子はレアケース

中島智則さん（仮名）と遠山直樹さん（仮名）はともに大手総合商社の2年目。その会社では、新入社員一人一人にメンターとして5〜6年上の先輩社員が付く制度がある。中島さんと遠山さんのメンターはいずれも東大女子だった。

「まさか女性がメンターになるとは思っていなくて、しかも、美人で優しい。俺たちラッキーって、2人で喜びました」（中島さん）

写真を見せてもらったが、2人とも女子アナかと思うほどに整った顔立ちである。中島さんと遠山さんは代わる代わる、自分のメンターがいかに優秀で、人格者で、女性としても魅力的かを話してくれた。

「僕のメンターのAさんは、めちゃめちゃ優しい。気遣いもできる。でもめちゃめちゃまじめで、こなす仕事の量も質もハンパない。彼女に任せれば、どんな仕事も一気呵成《いっきかせい》に片付いてしまう」（遠山さん）

遠山さんはAさんをまるで崇拝しているようだ。遠山さんとAさんが所属するのは経理系の部署。商社の中では裏方だが、Aさんは自ら希望して異動してきた。

「経理の仕事は速さと確実さと根気を求められます。東大出身者の得意分野だと思います」

ちなみに遠山さんは慶應出身だ。

「でも実は、Aさん、最近転職しちゃったんです。うちよりもいい条件でIT企業に。最終出社日にはフロアにものすごい人数の社員が見送りに集まりました。何百人という規模でしたよ。それくらい人気者だった」

Aさんは現在アラサー。東大を出て、日本有数の大手商社に就職し、そこで年上のエリート社員と結婚し、自らはさらにキャリアアップする。東大女子の成功事例の一つといって間違いない。

中島さんのメンター自慢も負けていない。

「Bさんは、いわゆる東大女子のイメージとはまったく違うんです」（中島さん）

そういう中島さんも東大出身だ。Bさんからこんなアドバイスをされたという。

「私たちがいまいる部署は、商社の中でもちょっと特殊。正しいことを正しくやれば正しく評価される。合理的な話が通りやすい社会なの。でも実際の社会は、商社の中でもほかの部署に行けば、合理的に思考するだけではうまく行かないことだらけ。いまの部署で正しいことを正しくやっているだけでは普通の東大生のままで終わりよ。もっと不合理な世界に飛び込んで、もまれたほうがいい」

遠山さん同様、中島さんとBさんが所属する部署もスタッフ系だ。社内の人間を相手にしている部署では比較的合理的に物事が進む。そこでは東大生の特性が活かしやすい。しかし、商社マンの本懐として、外の顧客、特に海外の顧客を相手にしたとき、社内的な合理性はこれっぽっちも役に立たない。長いキャリアのことを考えれば、若いうちにもっともまれておかないとあとで苦労すると、警告してくれたのだ。

敬愛するBさんからの教えである。中島さんは素直に聞いた。そして自ら志願し、2年間いわゆる発展途上国に赴くことが決まっている。

「海外で新しいビジネスを始めるときに必要になる力なんてものは、東大入試で試される能力とはまったく別次元のものだろうと思います。テストが得意な東大生には居心地の悪い状況かもしれない。だからこそ、いまそこで学ぶ機会が自分には必要なのだと、先輩のおかげで気付けました」

男社会の代名詞的な大手総合商社が東大女子にフィットするのか。

「いや、一般的な東大女子に商社は向かないでしょう。あの2人はレアケースです」（中島さん）

実際、東大男子にとっては人気就職先の一つであるその一流商社であっても、東大女子は少ない。日本の商社はコテコテの男社会。そういう雰囲気が東大女子には合わないのではないかと、中島さんと遠山さんは口をそろえる。

でも早稲田、慶應の女子は多い。

どうして一般的な東大女子は商社に入らないのか。

「そもそも受けていないんだと思います。民間企業に就職する場合、外資系のコンサルティング会社あたりを受けているんじゃないでしょうか。就活では僕もそのあたりを受けていたんですが、よく東大女子に会いましたから。外資のほうが女性にとって働きやすい環境が整っているのだと思う」（遠山さん）

中島さんと遠山さんの同期で東大女子は1人のみ。

「うちの会社のように、ひとの力を借りないと1人では何もできない会社では、他人と境界線を引き1人で何でもやろうとする東大出身者の特性が裏目に出ることがあります。たとえば社内には、定時に出社して定時に退社して、飲み会にも参加しないスタンスを貫く東大女子もいます。それはそれで一つの働き方だとは思いますが、商社の企業風土とは合わない。それでも結果が出せるならいいのですが、実際のところ空回りしやすく、態度を頑なにすればするほど、本人がいちばん苦しんでいるように見えます」（中島さん）

「飲み会が好きで、人付き合いが苦にならないひとでないと、商社は向かないと思う」（遠山さん）

「その点、Bさんは飲み会にもよく顔を出してくれるし、自ら他部署との交流の会を企画してくれることもあります。男社会の中で女性らしさをうまく活かしていると感じます」（中島さん）

「Aさんも同じです」（遠山さん）

「そういえば、いまの会社に入って、Bさんに指導してもらうまで、自分の中にもそういう部分はありました。自分だけの合理性を貫くような。でもこの会社にいると、テストで点をとるのは得意じゃなくてもほかのことはすごいみたいなひとがたくさんいます。偏差値が高かったことなんて、社会に出たら大して意味がないんだということに早く気付けた

ひとは、東大出身でもうまくやっていけるのかなという気がしてきました」（中島さん）
中島さんと遠山さんと話をしているうちに、AさんとBさんの共通点が見つかった。2人とも「スポ愛」出身だったのだ。
「スポ愛」とは、第1章でも触れた通り、東大のテニスサークルの中で2つしかない東大女子も入れるサークルの一つだ。正式名称は「東京大学スポーツ愛好会」。
「スポ愛は、テニスだけではなくて、いろいろなスポーツを楽しむひとたちが集まるサークルです。だから、東大のサークルの中でも社交的なタイプのひとたちが集まります。その雰囲気が商社に合っているのかもしれませんね！」（中島さん）
東大男子の扱いに慣れた社交的な東大女子が、日本の一流商社という男社会の中で、高学歴男子たちを掌で転がしながら自らの能力も発揮する。後付けではあるが、そういう解釈ができなくもない。

女性の活躍を阻む4つのバイアス

ここで念のため押さえておきたいことがある。一般論として、男性中心社会においては女性の成長の機会が少ないだけでなく、女性に対する「客観的な評価」そのものがすでに無意識の偏見（バイアス）によって客観性を損なっている可能性があるのだ。

ＩＴ企業「フェイスブック」では、性別・人種などに対して自分の中にあるバイアスに自覚的になりそれを意識的に補正できるようになるための社員向け研修を、全世界で実施している。

研修の中で主に語られるのは4種類のバイアス。すなわち「パフォーマンス・バイアス（成果に対するバイアス）」「パフォーマンス・アトリビューション・バイアス（成果の理由に対するバイアス）」「コンピタンス／ライカビリティ・トレードオフ・バイアス（能力か好感か二者択一のバイアス）」「マターナル・バイアス（母性に対するバイアス）」である。

そもそも男性優位の社会では、女性は男性よりも厳しい評価を受けやすい。これを「パフォーマンス・バイアス」と呼ぶ。男性は能力を見込まれて雇用されたり昇進したりするが、女性が雇用されたり昇進したりするためには実績が求められるという違いもある。

また、男性の成功は本人の実力によるものと認められやすいが女性の成功はそうとは認められにくい傾向がある。これを「パフォーマンス・アトリビューション・バイアス」と呼ぶ。男女で同じ仕事をしていても、男性の貢献度のほうが高く評価されやすく、逆に女性は失敗を責められやすいことも知られている。

「能力が高い女性は嫌われる」という傾向が「コンピタンス／ライカビリティ・トレードオフ・バイアス」だ。女性的な面を示す場合のみ女性のリーダーが効果的だと見なされる。女性は女性として好感をもたれながら結果も出さなければならない。それが強力なリーダーシップを発揮することを困難にし、雇用にも昇進にも交渉にも影響を与えてしまう。

そして「母親は良き労働者にはなれない」という思い込みが「マターナル・バイアス」。母親になる可能性が差別につながることもある。

研修ではバイアスの存在を示す学術的エビデンスも示される。これらが女性の活躍を阻む足枷であり、いわゆる「ガラスの天井」を形成する原材料になっているとも考えられる。

さらに興味深いのは、「実力主義だと思っている人物や組織ほど成果を出せない」という研究結果である。自分たちは実力主義に則って成果を客観的に評価していると思っている人物や組織ほど、実は自分たちのもつバイアスに気付いておらず、それによって潜在的な能力を発揮しきれていない可能性があるというのだ。「客観的な評価」という概念そのものがまゆつばなのである。

この章で既出のエピソードにおける女性社員への「期待通りの仕事ができない」「なか

なか成果が出せない」「空回り」などという評価を鵜呑みにすること自体がフェアではないかもしれないことに留意しなければならない。

お金で解決できることはお金で解決

三崎俊郎さん（仮名）は東大理Iから工学部へ、さらに大学院を卒業して2002年、外資系証券会社にトレーダーとして就職した。いつ解雇されるかわからないリスクはあるものの、外資の証券会社でしかもトレーダーとなれば、いきなり年収数千万円が得られる。誰でも挑戦できるわけではない。当時一部の高学歴男子の間で、クチコミ的に注目の就職先となっていた。

学生時代は学内サークル「スポ愛」のテニスパートに所属していたが、付き合う女性は女子大女子ばかりだった。独身時代も羽振りは良く、本人曰く「ちゃらちゃらしていた」。

20代も後半にさしかかったころ、東大時代の友人の結婚式二次会で、現在の妻に出会う。東大法学部出身で「スポ愛」に所属していたこともあったので、もともと面識はあった。一流商社で営業として「男並み」に働いていた。「スポ愛」東大女子と商社はやはり相性がいいのだろうか。

「結婚相手には、頭がいいこと、働いてくれることを期待していました。やっぱり子供のことを思うと母親の頭がいいほうがいいような気がするし、なんとなく共働きがいいと思って」

東大院卒の超エリートだが、飄々《ひょうひょう》としており、いい感じで力が抜けている。

「後期試験でたまたま受かっただけ。就職したくなかったから院まで行かせてもらっただけで、東大の中では間違いなく落ちこぼれでした」

毎年東大に大量に合格する都内の有名私立中高一貫校出身で、もともと東大に合格したことにそれほどのプライドを感じていない。

結婚後すぐ妻が妊娠した。

当然のように妻が育休を取り、1年を待たずして復帰。時短制度を利用したが、2000年代にはそれすら珍しいことだった。

使えるものは何でも使おう、お金で解決できることはそうしようと決めた。

「食洗機はすぐに買いました。でもお掃除ロボットはハズレでした。子育て中は床に置いてあるものが多くてロボットを使えない。すぐにリサイクルショップに売りました（笑）」

週1～2回は妻の母親が家事の手伝いに来てくれた。さらに家事代行サービスを週1回、必要に応じてベビーシッターサービスも躊躇なく利用した。むしろ必要がないときでもいつも同じシッターさんに来てもらい、生活のリズムと子供の精神的な安定を保つようにした。

それでも朝は、妻がワンオペで保育園に連れて行かなければならなかった。トレーダーという仕事柄、三崎さんの出社は朝早いからだ。

「日本の一般的な企業に比べれば外資系企業は時間の管理がゆるいので、仕事とプライベートの調整は比較的しやすいほうだったと思います。でも、自分もちゃんと家のことをやらなくちゃと思い始めたのは正直言って第2子が生まれてからでした。妻からは『なんで私ばっかり』と不満を言われたこともあります」

その後、一家は郊外に引っ越した。妻の重要な取引先の近くに住むためだ。通勤時間は大幅に増えるが、それで妻が思い切り仕事をできるならばと、三崎さんは快く了承した。

「あのころの生活は本当に楽しかった。毎週末子供を連れて自転車で海へ。あれは都心では味わえない、豊かな時間でした」

郊外での妻のミッションが大成功を収め、2年で都心に戻る。

第1子から間を空けて、第2子出産。

出産後しばらくはどうしても仕事のペースを落とさなければならない。それでも妻は焦らずに、そのときできることに集中した。そしてチャンスがあれば躊躇なく飛びついた。夫、実家、家事代行サービス、ベビーシッターサービス、すべてのリソースをフル活用して、チームとして育児・家事に取り組むことで、家庭と仕事を両立させた。

第2子が5歳になったころ、妻は新たなチャンスをつかむ。シンガポールへの転勤を志願したのだ。三崎さんは東京に残ることが確定。

「2人の子供たちに、パパと東京にいるか、ママとシンガポールに行くかを尋ねると、2人ともママを選んだ。1人くらいパパを選んでくれると思ったのに（笑）」

三崎さんは東京で悠々自適の単身生活。一方、妻は、シンガポールという慣れない環境で2人の子供を抱えてのワンオペ育児。どう回したのか？

「シンガポールでは住み込みのメイドさんがすべてやってくれる。日本で僕がもたもた家事をするよりもよっぽど楽だったみたいです（笑）」

これは日本の大企業に勤めるメリットである。海外勤務中は手厚いサポートが受けられるのだ。

しかし事件が起こる。妻子がシンガポールに行ってから約1年後、三崎さんの部署が日本から撤退し、三崎さんは解雇されることになったのだ。不幸中の幸いは、三崎さんの部署が結局シンガポールオフィスに吸収されたこと。三崎さんはシンガポールに転勤し、シンガポールで引き継ぎを行うことになった。家族との同居が実現した。これは単純にラッキーだった。

1年間で引き継ぎを終え、三崎さんは東京の自宅に戻った。ちょうど第1子の高校進学に重なったので、第1子と2人で帰国した。第1子が進んだ学校は、超有名進学校だ。シンガポールで受験勉強をしていたのだろう。

毎朝弁当をつくるなど、三崎さんが1人で家事をこなした。ほどなくして三崎さんの再就職先も決まった。トレーダーの経験を買われ、日本の証券会社で非正規雇用の専門職として働くことになった。外資系証券会社のころに比べればだいぶ年収は減ったが、それでも一般的なサラリーマンの年収よりはるかに多い。

ちなみに家賃、教育費、生活費などは、すべて三崎さんの稼ぎから出している。妻の収入はそのまま妻が自分の口座に貯めている。一流商社に勤める妻の収入は、一般的な家庭の世帯収入の平均を優に上回る。資産があるわけではないが、超富裕層といっていい。さすがは東大婚夫婦である。

「そこは意外と考えが古いのかもしれないのですが、『男の沽券《こけん》』というのは私の中にあるんです。妻がどんなに優秀なスーパーウーマンだとしても、自分が大黒柱でないといけないという気持ちがある。だって、稼ぎがいいことくらいしか、妻に勝てるところはないですから。妻は武道の達人でもあって、体力でもかなわないんです（笑）」

三崎さんが東京に戻って約半年後、第2子も帰国した。

「シングルファーザー状態で2人の子供の面倒を見るのは大変でした。といっても、週4回、3時間ずつ家事代行サービスを利用して、料理、洗濯、掃除など、ぜんぶの家事をやってもらっていたんですけど（笑）」

さらに半年後、妻も帰国。

「シンガポールのメイドさんがとてもいい人だったので、メイドさんも日本に連れてくることを真剣に考えました。でもビザの関係で無理でした」

現在は、朝食をつくるのが三崎さんの役割。その間に妻は子供たちの弁当をつくる。家事代行サービスを週2回利用し、1週間分の料理のつくりおきと、1週間分の掃除・洗濯を一気にやってもらうようにしている。

「完全な男社会の中であれだけ活躍するなんて、本当にスーパーウーマン。普通の女性だったらとっくにくじけているはず。すごい妻ですよ。尊敬します」

妻が東大女子ではなかったら、三崎さんの人生はどうだったと思うか。

「もっと亭主関白だったでしょうね（笑）」

夫の勤務先の企業風土も重要

渡辺咲子さん（仮名）は東大法学部を卒業後、某銀行に就職した。

「就職氷河期といわれていた時代で、当時、一流企業の女子枠は特定の大学のみに開かれている状態でした。同じ東大卒でも、女性の枠はものすごく少なかった。東大女子同士で限られた枠を争っているようでした」

入社当時、総合職としては同期の中で唯一の女性だった。配属された職場は東大出身者が多かったので、「女子」であることを意識することはあれど「東大出身」であることを意識することはほぼなかった。東大男子に囲まれる状況は学生時代とほとんど変わらなかった。

関西に転勤になったとき、「なんで東大なん？」と、しきりに聞かれた。そのとき初めて自分が東大出身であることを意識せざるを得なくなった。さらにその銀行が複数の都市銀行と合併し、メガバンクを形成すると、東大出身者以外と働くケースが増えた。学歴が話題にならないように気をつけていた。

友人の結婚パーティで知り合った、日本を代表する某大手企業勤務の東大OBと結婚した。夫婦そろって一流企業のエリート社員。何も怖いものはない、はずだった。

結婚後ほどなくして子供を授かったが、当然のように咲子さんが育休を取る流れになった。咲子さんのほうが収入は多かったのに、夫が育休を取るという選択は、議論にすらならなかった。

1年間の育休を経て復帰すると、第2子がほしいかと聞かれた。あいまいな返事をすると、「マミートラック」が待っていた。任された仕事は、自分の得意分野ではなかった。

このとき咲子さんは考えた。このままではいつやりがいのある職場に配属されるかわからない。それならば、会社から与えられる仕事をするのではなく、子育てをしながら自分のしたい仕事ができる環境を自分でつくろう。

退職し、自ら会社をつくった。

さらに第2子に恵まれ、現在2人の子供の母親業と社長業の両方をこなす。

咲子さんの夫は次のように述べる。

「妻はいま、社会に埋もれていた女性の力を引き出す仕事をしています。その一方で、2児の母として、お弁当なんか5分もあればつくってしまうし、家事もおろそかにしない。行動力と実践力がハンパない」

夫はやれる範囲で、洗濯、朝晩の皿洗い、ゴミ出し、風呂洗い、保育園の送り、週末の雑用を担っている。特に週末は、子供たちとの時間をできるだけ多くとるようにしている。

「子供の勉強を見たりしているので自分としては3割程度負担しているつもりですが、それでも妻にいわせれば1割程度みたいです（笑）。残りの9割は近所に住む義理の母と妻が引き受けてくれています。これからは夫婦共働き、男も育児に関与するのがスタンダードになるので、自分も積極的に手伝おうと考えていましたが、実際に生まれてみると想像以上に大変だった。結果としてキャリアをあきらめてもらったこと、子育ての負担が妻に偏っていることは申し訳なく思う」

夫がもっと仕事をセーブできれば、もしかしたら咲子さんは会社を辞めなくてすんだかもしれない。しかし夫を責めることはできない。夫の会社はこてこての男社会。個人の努力で働き方を変えられるような生やさしい業界ではないのだ。

夫の勤める会社の企業風土が落とし穴になるとは、結婚当初、咲子さんにも予測できなかった。

咲子さんは皮肉を込めて言う。

「夫がとある部署にいた時期、毎週月曜の朝7時からミーティングがあった。そのために、妻が毎週月曜の朝に自分のパソコンが入ったカバンにお布団セット2人分を含む保育園グッズを詰め込んで、子供を自転車に前後乗せして保育園まで行き、2人分の布団と毛布にシーツをセットしていることなんて、たぶん誰も想像していない」

咲子さんを見ていると「女性の活躍」どころか「獅子奮迅の活躍」という言葉が思い浮かぶ。卒業してから理不尽を感じたことはごまんとあったが、いまは自分がその都度下してきた決断に誇りをもっている。

ザ・ニッポンの大企業に勤める東大男子を夫にもつ東大女子が自らを活かす場を自らつくることで、落とし穴にははまらず、「ガラスの天井」にもとらわれない生き方を手に入れた事例といえる。

以下は咲子さんから現役東大女子へのアドバイスである。

東大女子って、これまで自分が努力さえすればすべてがコントローラブルなルールの中で生きてきたんだと思う。でも大学を出るとまた別のフェーズが待っていて……。制度上は公平でも、女性には不利なことがまだまだいっぱいある。

東大女子はきっと「こうであらねば」みたいなことが人一倍強い。私自身の過去を振り返ってもそうだったし、私のまわりの子たちもそうだった。その点では、肩の力を抜いて運命を受け入れていくように意識したほうがいい。

自分の中の価値観が多様化すれば、会社を辞めることだってチャンスだと思えるようになる。ただただ昇進を目指しているような人には見えない景色が、人生にはある。私ももう40代後半。銀行なんかだと、そろそろ肩をたたかれる人とか出てきちゃう。そうなってから、別の景色を見るのは大変だから、そういう意味では育児ってすごく良い経験になる。女性にとっても、男性にとっても。

ただしチャンスがあったらためらわずつかむこと。障害があったとしても、やりながらどうすれば取り除けるかを考えればいい。

配偶者を考える場合は、好きとか気が合うとかいう点のみならず、自分のプロモーションと女性がプロモートされることをイコールで考えられる人かどうかまでを確認しておくべき。

家事や育児はアウトソースできる部分も多いけれど、どうしても親のどちらかが負担しないといけないときがある。そのときにどちらがどれだけ譲れるか。そこは対等に話し合える関係の人と結婚しないと、あとできっと後悔する。うちも意識のズレを埋めるのに時間がかかりました。

出版業界は東大女子におすすめ

ただでさえ能力が高いことは保証済みの東大女子が、適度に肩の力を抜いたら鬼に金棒。彼女たちの手にかかれば、旧態依然とした日本の大企業に覆い被さる「ガラスの天井」もぐいぐいと押し上げられていくのがわかる。

一方で、「彼女たちは東大女子の中でも精鋭部隊なのではないか」と思うかもしれない。それはそうかもしれない。しかし安心してほしい。東大女子の就職先は、男臭い日本の大企業ばかりではない。

酒井理恵さん（仮名）は、大手出版社に就職し、主に女性誌の編集に携わる。もともと女性が多い職場なので、男女差別を感じることはほとんどない。

さらに出版業界は現場で働く限り学歴不問。有名大学を出ていなくても優秀なライター、カメラマン、デザイナー、スタイリストなどがまわりにたくさんいる。それぞれ自分の腕に誇りをもって仕事をしているプロ集団の中で毎日を過ごしているので、学歴コンプレックスの餌食になることもほとんどない。

「東大女子ですけど、何か？」を地で行く。

現在30代半ば。文学部3年生在籍中に同じゼミの仲間と付き合い始め、そのまま結婚した。夫も出版業界で働いているが、仕事へのこだわりはさほど強くない。「会社なんて行かないで、ずっと子供といっしょにいたいよ」というタイプ。新卒で就職した会社を一度退社して大学院に行き、また似たような会社に就職するというような回り道も経験している。ステレオタイプな東大男子ではない。

在学中に付き合い始めた典型的な東大婚ではあるが、社会人になってからはほとんど東大出身であることを意識しないと酒井さんは言う。

「仕事に就くうえで、世間体よりもやりがいのある仕事を選ぶこと。出産後のワークライフバランスも考えておいたほうがいい。そのためには、パートナー選びは重要。社会に出れば、東大女子なんてレッテルを気にしない成熟した男性は必ずいます。在学中に焦って結婚相手を見つけようなんて思わなくていいと思う。私の友達の東大女子の中には、夫が専業主夫をしてくれているというひともいますよ」

専業主夫になった東大男子

『子育て主夫青春物語　「東大卒」より家族が大事』（言視舎、２０１２年）の著者・堀込泰三さんは、書名の通り、東大院卒の専業主夫として、メディアにもたびたび登場し、多様な男性の生き方を提案している。

大手自動車メーカーの会社員時代に当時東大大学院に在籍していた研究職の妻と結婚。長男が誕生したが、１年契約の妻は育休が取りにくい。そこで育休制度の充実している大手企業に勤める堀込さんが２年間の育休を取ることにした。そうすれば２人とも仕事を辞めなくてすむ。

そのまま妻のアメリカ留学にも付いていき、アメリカで子育てした。その途中で育休期間が終わり、アメリカに妻子を置いて単身帰国。仕事に復帰した。

しかし専業主夫生活からの単身赴任は堀込さんの心を引き裂いた。妻もワンオペ育児で疲弊した。職場復帰から４カ月で堀込さんは退職し、アメリカに戻った。いまでは家族で日本に住み、堀込さんは自宅で翻訳の仕事をしながら主夫生活を続けている。妻は民間の研究所で働いている。

いわば一般的な男女の立場を入れ替えた東大婚夫婦である。

男性が主夫になるという選択が新しく見える一方で、そもそも堀込さんが専業主夫を選択した背景には、「子供が幼いうちは、両親のどちらかが子供の近くにいてあげたい」という昔ながらの考え方がある。

堀込さんが仕事を続けていればおそらく生涯年収は4億円近くに達していただろう。つまり堀込さんは、4億円をかけて、子供と過ごす時間と家族の笑顔を手に入れた。これも一つの生き方である。

同じ専業主夫（主婦）という生き方をしていても、「男（女）だから」「東大だから」というレッテルで、その生き方に対する世間からの評価も大きく変わる。男性が専業主夫になる場合、世間からは「ヒモ」だと陰口をたたかれかねない。実際、堀込さんもネット上にそのような書き込みをされたこともある。それでも堀込さんはポジティブだ。

「私は男性だから、主夫であることを珍しいと思ってもらえる。自分で選んだ意識があるから、いまの生活を明るく楽しめる。だから家の中も明るい。『女だから』という理由で主婦をしている女性はもっと大変かもしれない」

堀込さんは、著書のタイトルに「東大」を入れたくなかったという。自分が東大出身であることとは関係がなく、男性が育休を取るあるいは専業主夫になるという選択もあると伝えることが目的だったからだ。しかし実際は、「東大生」なのに「主夫」というギャップにこそ世間は興味をもってくれるのだと痛感した。「東大女子」という四字熟語自体が、「女子」なのに「東大生」であるというギャップを感じさせるのと似ている。

一方で、正社員同士で子育てをしながら家庭を回すことは、主夫の立場から見てもどうやっているのか想像が付かないという。それくらい、日本企業が社員に求める働き方と子育ては親和性が低いことを、堀込さんは実感している。

「そろそろ再就職しようかなと思っているのですが、時短を前提にしているとほとんど不可能ですね。マミートラックといいますが、性別は関係ありません。いまの社会では、子育てしながら組織で働くこと自体が根本的に難しいのです。ガチの共働き夫婦はすごいなと思いますよ」

弁護士でも明治大卒はNG

佐藤祐子さん（仮）は、生後4カ月の男の子をベビーカーに乗せて取材の待ち合わせ場所に現れた。東大法学部を卒業後、弁護士として就職。中央官庁に出向中に妊娠が判明し、授かり婚。現在は育休中である。

たまたま参加した弁護士仲間の飲み会で、現在の夫に出会った。年は一つ下。しかし司法試験にようやく合格したばかりで、司法修習生の身だった。

「学生時代にいい点数を取っていたにもかかわらず結局不合格になってしまい、一度やる気を失って、しばらくだらだら司法試験浪人を続けてしまったようです。私も何度か落ちているから気持ちがわかるんですよね」

だから見下すような気持ちにはならなかった。年齢が近いのですぐに打ち解けた。付き合い始めてすぐ「将来は子供ほしいね」なんて言っていたら、本当に妊娠してしまった。佐藤さんは慌てて彼を両親に会わせようと試みる。しかしまったく予想しなかった反対にあう。「いま、こういうひとと付き合っていて……」と説明した段階で、いきなりのダメ出し。落とし穴は実家にあった。

「痛烈なダメ出しでした。ずっと司法試験浪人をしていたこと、そしてなんと、明治出身だということが、ダメ出しのポイントでした。要するに出身大学差別です」

何度も落ちたとはいえ、最終的には司法試験に合格し、東大卒の娘と同じ弁護士としての資格があっても、そこへ至るルートが気にくわないのだ。「うちの娘は法学部の中でも最高峰の東大を出ているのに、その夫がなぜ明治なんだ」というのである。すでに妊娠しているなどと言い出せる雰囲気ではなかった。

親子の間でもめにもめた。会えばわかってもらえるだろうと、強引に彼を家に連れて行ったが、彼を待ち受けていたのは圧迫面接だった。

「君はなんで試験に受からなかったのかな」

そんな嫌みを散々聞かされ、またしても妊娠を報告できなかった。彼が帰ってからも、嫌みは止まらない。

「なんだあの男、頭悪い」

佐藤さんは一人娘。父は元官僚、母も当時としてはまだ珍しいバリバリのキャリアウーマンの高学歴家族だった。

それ以上の進展は望めなかった。佐藤さんは家を出て彼と同棲することを決める。家を出るギリギリのタイミングで、ようやく妊娠を告げた。家の中は大混乱となった。

「結婚をやめてくれないか」

「無理だよ、子供がいるんだから！」

そうやって振り切るように、家を出た。

「でも正直なところ、悩みました。本当に子供を産んでいいんだろうかとか、彼と別れたほうがいいのかなとか。でもそのときに思い出したんです。実は私が昔付き合っていた東大男子が私と別れたあと、新しいカノジョと付き合っていたのに、その女性のスペックが低いからと親に結婚を反対され、なかなか結婚できずにいたんです。あんなふうになりたくないなと思って」

妊娠という既成事実には両親も勝てなかった。次第に態度を軟化させ、いまは孫をかわいがってくれている。

今後はどんなライフスタイルを予定しているのか。

「彼がまだ弁護士1年目なので、私のほうが収入は上。普通に出向先に復帰して働こうと思っています。子供ができたら家族のために時間を割くのは当然だと思っているので、そのせいで自分のキャリアが多少遅れをとったとしてもあまり気にしてないです。死ぬわけじゃないし（笑）」

佐藤さんは同世代の東大女子のさまざまな近況を教えてくれた。

若くして結婚して子供ができた同世代の東大女子は、仕事と家庭の両立にしゃかりきになりすぎで「見ていてつらい」と本音をポロリ。まさに「『育休世代』のジレンマ」に陥っているというのである。

「やっぱりあんまりキャリア志向が強すぎないほうが、東大女子は幸せに生きられるのかもしれない」

逆に30歳くらいまで思う存分仕事をし、落ち着いたころに結婚して子供をもうけた東大女子のほうが、いまのんびりと過ごしているという。しかも彼女たちの結婚相手は、結構な確率で東大男子ではない。

「それなりに年を重ねることで交流範囲が広がりますし、人生の価値観も豊かになるのかもしれませんね」

夫が育休を取ってバリキャリ妻をサポート

熊沢英子さん（仮名）は山口県出身。東大の文IIに入学するも、建築に興味を抱く。しかし文IIから建築学科への進学は難関で、結局経済学部を卒業。大学院で建築を学び始めた。

大学院を卒業後、大御所建築家の事務所に就職。数々の巨大プロジェクトを並行して手がけ、世界を飛び回る生活に。激務。毎日が午前様。それでも仕事が楽しい。ワーカホリック気味に働いていた。結婚なんて無理だろうと考えていた。

しかし現在アラフォーにして2児の母。仕事も継続している。転機は10歳下の夫・拓也さん（仮名）との出会いだった。拓也さんは東大出身ではない。

知り合った当時、拓也さんは勤め先の信用金庫でパワハラにあい、仕事中心の人生に疑問を抱いていた。いい具合に肩の力が抜けていたのだろう。「このひととだったらやっていけるかも」と英子さんは直感した。

そこから先はすべてが計画通りだ。

4月に子供を保育園に入れることから逆算して、10月に子供が生まれるように妊娠した。妊娠がわかると、すぐに拓也さんが育休を申請した。前例がなかったため、上司との交渉は難航したが、最終的には人事部が味方してくれた。

逆に英子さんは育休を取得しなかった。仕事への影響を最小限にするために、出産日を指定しての計画無痛分娩。産後6週間の産休だけで職場に復帰。

英子さんが職場に復帰するのとバトンタッチする形で拓也さんが約4カ月間の育休を取得した。拓也さんはあらかじめ1日のタイムテーブルを決め、その通りに毎日を過ごした。

趣味のギターを練習する時間すらあったというから驚きだ。

英子さんは料理の腕もプロ級。そこでどんなに遅くなっても夕食だけは英子さんがつくることにした。

「育児も家事もすべてを拓也さんに任せていたので、料理くらいはしなければ、仕事にかまけて家のことは何もしない世のダメ夫といっしょになってしまうと思ったからです」（英子さん）

職場復帰後、拓也さんは時短制度を利用しなかった。収入減を避けたかったからだ。その代わり、必ず定時の17時に退社し、18時には保育園のお迎えに行った。朝の保育園の送りは英子さんの役割だ。英子さんの海外出張中は、拓也さんが早めに保育園に連れて行ってから出社した。

拓也さんが職場に復帰したときには、すでに新たな計画が始動していた。拓也さんの育休期間中に、英子さんは第2子を妊娠していたのだ。これも計画通りだった。

「育児期間をできるだけ短縮するため、年子での出産を考えました。しかも4月入園の保育園の申請期限が1月初頭までなので、なるべく年末に出産したい。逆算して計画通りに妊娠できました」（拓也さん、以下同）

第1子の育休期間中に第2子のための育休を申請した。人事部担当者も最初は驚いたが応援してくれた。人事部としても男女共同参画社会の主旨に沿った多様な働き方を実現することがミッションだったからだ。

出産直後、今度は上の子の世話もあるので、妻の母親が応援に駆けつけてくれた。さらに、母子が退院するタイミングで拓也さんが育休期間に入った。

「しかし妻が職場復帰してからが大変でした。最初の育休とのいちばんの違いは上の子の世話があること。保育園を利用しながらとはいえ、2人の子供を1人で世話するのは想像以上に大変でした。しかも下の子は上の子よりも手がかかりました。下の子ができて初めて気付いたんです。上の子は夜泣きもせず、あまりにもお利口で手がかからなかっただけだったのだと。世の親たちが育児は大変だと言っていたのはこのことだったのかと」

予定通り4月から下の子も保育園に預け、拓也さんは職場復帰した。今回は時短制度を使った。収入が減るのは嫌だったが、妻も仕事で余裕がなく、背に腹は代えられなかった。朝30分、夕方1時間の時短を適用し、保育園の送り迎えをこなしている。

それでも、仕事と家庭の両立で、心身ともに参ってしまうことが何度かあった。両親そろってフルタイム勤務での育児は無理なのだと改めて悟った。

「育児も家事もこなし切る自信がもてなくなってしまいました。そんなとき励ましてくれたのは、私の母と、義理の母でした」

実家に電話したとき、思わず弱音を吐いた。すると母親は「拓也はよくやってるよ。あなたたちはお互いがお互いじゃないと成り立たない夫婦なんだから頑張れや！」と言ってくれた。ボロボロと泣いてしまった。

義理の母親には、育児と家事をやり切る自信がなくなってしまったこと、そして妻に比べて収入が少ないのにさらに収入が減ってしまったことへの恥ずかしさを直接吐露した。すると「育児や家事だって立派な仕事ですよ。私の旦那はまったくやらないひとでしたから私にもそのつらさはわかります。でも拓也さんがやってくれているから英子が働けているんじゃないですか。だからもっと堂々としていていいんですよ！」と言ってもらえた。このときは、なんとか涙が溢れるのをこらえた。

「私自身にも一応男としてのつまらないプライドがあるのだなと思いました。ギリギリまでSOSを発することができず、甘え下手なんだなと感じました」

実は拓也さんが戦っていたのは育児や家事のタスクだけではなかった。第1子の育休の後、拓也さんはパタハラ（パタニティ・ハラスメント）にあっていた。育児する男性への嫌がらせである。「育休だの権利を主張する前に義務を果たせ」「ひとの2倍3倍働け」「昼休みなんて10分だ」。上司からそんな言葉を投げつけられていた。育休を取るような男性は珍しいため、彼らがハラスメントのターゲットにされると状況はマタハラよりもいっそう厳しくなりやすいのだ。

定期的に行われる「ハラスメントアンケート」にそのことを記入するとすぐに人事部が動いてくれた。該当上司にはほかにも余罪があることが発覚し、厳重注意処分となった。

いまでは社内にも味方が増えた。年配の男性社員も「俺は子供が3人いるけれど、かみさんに任せきりで何もやってこなかった。あなたはうちの男性社員の誰もやったことがないことをやっている。それは本当にすごいことだから頑張って！」などと言ってくれるようになった。拓也さんの存在が、旧態依然とした企業風土に風穴を開けたのだ。

2人とも忙しいのに、取材に際して丁寧な手記を用意してくれていた。以下、拓也さんの手記からの抜粋である。

私も以前は旧態依然の考え方でした。「絶対に出世してやる！　同期トップで支店長になってやる！」「若くして結婚して子供をもって、妻は専業主婦！　私はバリバり仕事で結果を出して家族を養う！」という考えで社会人になりました。しかし社会人2年目で、パワハラにあい、考えが変わりました。

いまの私は、仕事という一面だけをとらえたら低い評価しか得られないかもしれません。しかし人生全体でとらえれば十分な優良評価だと自分では思っています。

そう思えるようになったのには、やはり妻の影響が大きい。妻がいわゆる東大女子だからなのか、もともとの性格なのかわかりませんが、とにかく広い考え方、知識、見聞、ときどき言う「人生一度きりなんだよ！」に、刺激を受けました。

また、私たち2人の考え方が似ているところもうまくいっている理由だと思います。それは合理主義というところです。

自分で言うのもおこがましいですが、私も肩書きだけ表記すれば「明治大卒で業界大手に勤める金融マン」と決して悪いものではないと思っています。ですが妻は、「東大卒で日本有数の建築家の下で働く一級建築士」です。しかも年上であるためキャリアが違います。そんな2人がいっしょになったときにどちらが家庭に重きを置くべきか、合理的に考えれば答えは簡単だと思います。

さらに私たちの場合はお互いへの思いやりが強いこともうまくいっている秘訣だと

思います。

いま、私が時短勤務で働いていますが、妻も18時には仕事を終えて家に帰って来てくれます。結婚当初は毎日日付の変わるころまで働いていたことを考えると、これはすごいことだと思います。むしろ私の時短よりも妻の残業時間削減のほうがよほど時間を削っています。ときどき仕事が忙しいと朝の4時に帰って来たり、海外に行ってしまったりすることもありますが、そこはお互いさま。私も休みの日に趣味の音楽のために外出させてもらったりしています。

別々の人生を歩んできた2人がいっしょになるのですから当然ズレは生じます。そのときにお互いの状況をよく整理し、どうするのがいちばん合理的なのか考えてみることを、これから結婚するような若いひとたちにはお勧めしたいです。

そして何よりお互いに尊敬の気持ちを忘れないこと。学歴がどうであれ夫婦は平等でなければいけないと思います。

続いて英子さんの手記より。

親族からは「ぴったりなパートナーに出会えて良かったね、違うパートナーだったら結婚なんてしなかったでしょ」と言われますし、実際私もそうだと思います。友人からは「どうやって旦那を教育したの？」「やっぱり年下だから言うこと聞いてくれるの？」と言われたこともあります。

が、夫を教育したわけでも、私がやりたいことを押し付けているわけでもなく、たまたま、お互いのやりたいことがうまく一致したのだと思います。

職場の人たちからは羨ましがられます。出産した設計担当の女性6人のうち、バリバリ働いているのは私を含め2人だけです。そのもう1人は、夫がフリーランスで融通のきく仕事だそうです。ほかの女性たちは、以前まで私と同じペースで仕事をしていたのに、結婚後はやはり女性に負担が多く、以前と同じような働き方はできていません。

東大ではありませんが、友人の京大カップルで、奥さんが海外転勤になったので夫が付いて行ったケースがあります。逆に出産のときには奥さんの産休・育休を活用して、夫がメインで働いていました。「類は友を呼ぶ」なのかも知れませんが、私のまわりには働き方が柔軟なカップルが結構います。

東大男子に限らず、自分よりも学力や収入が低い女子を選ぶ男性は多いのではないでしょうか？　東大のサークルの多くは、学力と将来性のある東大男子と、彼らとの出会いを求めている他大学の女子とのお見合いサークルでした。そういう一般的な考えをもっている人と結婚した時点で、女性側が相当頑張らないと、状況は変わらないのではないでしょうか。

キャリアを続けたいという思いがあるなら、結婚を決める時点でその先の人生設計をパートナーと話し合い、合意する必要があると思います。結婚の時点で話し合えなかったのなら子供を考えたときに、それもできなかったのならいまからでも、パートナーと話すべきです。

夫がいますぐ仕事のスタイルを変えられないなら数年先でも、たとえば子供が小学校にいる6年間は夫が子育ての時間を優先し奥さんは仕事を優先するなど、お互い譲歩する約束をしないとフェアじゃないと思います。

たまに、夫が育児に協力的ではないと嘆く一方で「子供が私じゃないと寝てくれなくて……」などと言うひとがいます。夫の問題もあるでしょうが、子育てから夫を排除してしまった妻のせいもあると思います。夫もやる気がなくなるし、子供も夫になつかないし、何より自分も子供から離れられなくなります。悪循環です。

子育て中の夫婦二人が同時にキャリアを維持するのは難しいので、時期によって仕事と育児の分担の比重を変えるなどの方法をパートナーとよく話し合うことが大事だと思います。

うちでも、いまは夫がキャリアをスローダウンして私の仕事を優先させてくれていますが、今後のことについては折りに触れて話し合っています。

業種によりますが、キャリアと育児の両立を成功させる一つのポイントは職住近接ではないでしょうか。通勤にかかる時間がなく、子供のご飯や寝かしつけに帰宅してもまた仕事に戻れます。

仕事を家にもって帰ることもできるというのも私のキャリアを続けるうえでとても重要です。一方、夫の職場は仕事をもって帰るなんて厳禁。そういう場所と時間に縛られる仕事をしている人にとって、仕事と育児・家事の両立は大変だろうと思います。

実際に仕事を始めて、家庭をもったらどうなるか、在学中はまったく想像がつかないと思いますが、ゼミ等のOBOG会で先輩の話を聞いてみる、就職を考えている組織の上層部に女性がいるかチェックする、結婚する可能性のあるパートナーが柔軟な考えをしてくれる人か確認するなど積極的に動くといい。

就職してからも、自分の生き方と違うと思ったら、我慢せずすぐに方向転換するといいと思います。若いころは数カ月や1年のロスが怖いかもしれませんが、あとになってみれば、それくらいの時間のロスはちっぽけなものです。

日本の組織は、どうしてもゼネラリストをつくりたがる。どこに配属されてもそれなりに仕事ができる人材を育てる意図があるのでしょうが、逆に社員の立場からすれば専門性が身に付きにくい。結果、一つの組織に所属し続けないとキャリアが積み上がらず、一度キャリアが分断されてしまうと再就職は難しい。

出産・育児でキャリアを中断せざるを得ないひとにとって、この構造はとても不利です。専門性を身に付ける、資格を取るなど、キャリアが中断しても条件を落とさずに復帰できる武器をもつことが一つの対抗策だと思います。

いままではキャリアをスローダウンする役割を主に女性が引き受けることでこの社会は回っていた。しかしこれからは男性もその役割を担うべきだ。そうすることで、女性の活躍が推進され、同時に男性の生き方も多様化する。

ところが日本の男女の賃金格差は大きい。男性が家庭に入る選択は容易ではない。そこで十分な経済力を期待できる東大女子には、新しい夫婦の形に先鞭を着ける役割を期待したい。そのためにはパートナーとなる男性にも、世間からの冷ややかな視線ややっかみをさらりとかわすしたたかさが必要だ。それこそ、家族を守り、社会を変える、本当の強さではないだろうか。

第4章

「男性の育休率」より「東大の女子率」

世界のエリート女性もぶつかった壁

高学歴の女性が感じる強烈なジレンマを、それぞれ異なる観点から描いた記事や書籍が、ほぼ同時期にアメリカで発表され、ちょっとした論争になった。

フェイスブック最高執行責任者のシェリル・サンドバーグは、ハーバード大学を卒業後、ハーバード・ビジネススクールでMBAを取得、グーグル副社長、財務省首席補佐官などを歴任、マッキンゼーでのコンサルタント、世界銀行での調査アシスタントの経験もあり、多数のグローバル企業の取締役も兼務する。世界最高峰のキャリアウーマンである。

彼女は2013年の著書『LEAN IN（一歩踏み出せ）』で、彼女のようなスーパーウーマンでも「ガラスの天井」を感じることがあり、それを変えるために、「女性だから」という世間の目と自分自身への呪縛を解き一歩踏み出そうと女性たちに訴えた（日本語版は『リーン・イン』日本経済新聞出版社、2013年）。

ヒラリー・クリントン国務長官のもとで政策企画本部長を務めたこともあるプリンストン大学教授のアン＝マリー・スローターは、家庭を優先するために自らキャリアを降りた経験をもとに、女性の仕事と育児の両立の困難を訴えた雑誌記事「なぜ女性はすべてを手に入れられないのか」を2012年に発表し、全米で話題になった。2015年にはそれが『Unfinished Business（未完了の仕事）』として書籍にまとめられた（日本語版は『仕事と家庭は両立できない？』NTT出版、2017年）。引用する。

私と同じような選択をした多くの女性や、そんな選択をする多くの男性が、世間に認めてもらえないなんて、絶対におかしい。キャリアの成功だけが人間の幸福の証でもなければ人生の功績の尺度でもない。

また『LEAN IN』を引き合いに出してはこう述べる。

シェリルは、こう書いている。「女性たちがいったんリーダーの地位に昇れば、（女性の前進を阻む）社会の壁を打ち破ることができるはずだ。上司の部屋に堂々と入って行き、私たちが望むことを要求できる。私たちが上司になれば、すべての女性に必要なものを確保してあげられる」。（中略）『LEAN IN』は、こうした既存の男性社会で生き延び勝ち抜く方法を教えてくれる。その中でトップに昇ったときにはじめて、変革を起こせるのだと説いている。もちろんそれも大切だろう。でも企業よりもはるかに広い範囲の、社会や政治や文化における変革もまた必要だ。

2013年にハーバード大学出身のジャーナリストであるエミリー・マッチャーが著した『Homeward Bound（家庭回帰）』は、ハーバード、イェールなどの一流大学を出ていながら、投資銀行、広告代理店、官庁などの職を捨て主婦になり、出世競争と無縁なスローライフを志向する若い世代が増えていることを指摘した書籍である（日本語版は『ハウスワイフ2・0』文藝春秋、2014年）。男性たちがせっせと構築した経済優先の競争社会への過剰適応を拒否する高学歴女性の姿が描かれている。

日本語版の解説から引用する。

このようにシェリル派にとってもスローター派にとっても、働く女性に冷たい社会状況は変わりない。だが一部のキャリア女性たちはそれを逆手に取り、いわば『LEAN IN』とは反対の作戦で〝専業主婦としての新しい活動〟へと乗り出す。その面目躍如の様を生き生きと描き出し、新たな意味を見出したところに、本書のユニークさと功績がある。

三者の意見が矛盾しているわけではない。シェリル・サンドバーグが「努力をすれば何でも手に入る」と言っているわけではないし、エミリー・マッチャーは次のように高学歴女性の「ノブレス・オブリージュ（高貴なる義務）」を説く。

自分には時間も知識もあって、なんでも作れるから、すべて解決という考え方はまちがっている。経済的な事情で手作りできない人たちのために、やはり社会を変えなければならないのだ。

「課題先進者」としての「東大女子」

『LEAN IN』と『Homeward Bound』を女性としての生き方の両極に、そしてその中間に『Unfinished Business』を位置づけることができるだろうか。

いずれにしても3冊に共通するのは、「人生には仕事より大事なものがある」「いまのままの社会構造では、仕事と家庭の両方での満足を手に入れることはできない。女だけでなく男も」というメッセージである。

そのことを、この3冊よりも四半世紀近く前に日本で訴えていた書籍がある。1989年刊『東大卒の女性』（さつき会編、三省堂）である。「さつき会」とは東大OGの同窓会のこと。1989年といえばバブル景気の真っ最中。男女雇用機会均等法が施行されてまだ3年しか経っていないころである。当時の東大の女性比率はおよそ10％だった。

ユーモラスなタッチで、それでいて真摯に、当時の東大女子による自己分析が生き生きと描かれている。

まず「東大」という概念について、以下のように看破する。


進学率上昇によって、〝東大を頂点とするピラミッド型の進学競争〟という構図が明確になりつつあったのです。

「『東大出』という学歴が一種の身分になってしまい……実力以上の地位を与えるようなことがあれば、それは諸君にとっての不幸であります」（1966年卒業式での大河内一男総長の式辞より）

1979年の「共通一次試験」導入を契機に、「偏差値」による進学先選びが普及し、その結果東大への女性入学者が増えた。

おそらく、それまでは東大受験など思ってもみなかった層が、偏差値でみると思いのほか高いランクにいる。競争圏内にいるのならひとつ勝負してみよう……と、受験競争に加わりはじめたのでしょう。

そして「仕事と結婚」「仕事の継続と中断」「家庭生活」「社会活動&余暇」「女性にとっての東大」と章が進んでいく。そこに描かれる人生の各段階での東大女子の心情は、30年近い時を経て今回本書執筆のために私が聞いた話とほとんど変わらない。

独自に行ったアンケート結果や卒業生たちの声をもとにしつつ、ときどき自分たちへの戒めもある。それがまさに、シェリルやスローターらの指摘と大筋で一致する。

あくまで自分が納得のいくいい仕事をするという働き方でありたいとか、お金とか地位とか名声が目的ではなくて、あくまでやりがいのある仕事をしたいなどという気持はかなり多くの卒業生に共通しています。仕事のなかにやりがいを求める気持は当然なことでもあり、またその気持が人を向上させることも多々ありますが、省みれば社会にはやりがいのもちにくい仕事、でも誰かがやらなければならない仕事はたくさんあるわけです。そして、そういう仕事を黙々とやっている多くの職業人からみると、この強い「やりがい志向」はたいへん自己本位なものにもみえるのではないかと思います。

東大で学んだ女性たちは、自分自身をできるだけ十分に生かして人生を歩むための条件を努力して得たということもいえるでしょう。といって、自分が恵まれさえすればいいというわけではありません。また実際、たとえ第一関門を幸運にも通過したとしても、それだけでその後の人生が保障されるわけでもなく、東大卒女性が女性全般のこうむる性差別から無縁でいられるわけでもけっしてないのです。

これまでの東大卒女性のめざしたのが、どちらかといえば女が〝男並み〟になるこ

とによる男女平等だったきらいはあります。（中略）

けれども、一九七〇年代以降のフェミニズムは、男性がこれまでつくりあげてきた社会のあり方そのものに疑問を投げかけています。（中略）むしろ、男が〝女並み〟に近づくことによってこそ、男女ともに真に豊かな生活を生きることができるのではないかといわれます。

だからこそ、男性優位社会の頂点にあるような東大も、もっともっと女性が加わることによって変わる必要があるのではないでしょうか。

もちろん東大も、女性が増えても、彼女たちが依然として〝男並み上昇志向〟ならば、これからもあまり変わらないでしょう。しかし、すでに多くの東大卒女性たちが、仕事も家庭も余暇もという三立生活のなかで、男性とは少しちがった生活者の目をもって真に人間らしい生き方をめざしているように見受けられます。

我が意を得たり。「女性並み」と「男性並み」の両方を視野に収められる「東大女子」の視点から世の中を見ることで、矛盾や目指すべき真の社会の姿が見えてくるのではないか。その視点を社会と共有することが東大女子のノブレス・オブリージュではないのか。それが私に本書を書かせた問題意識であった。

女性が働きやすくなるには、女性が家事と仕事の両立を成功させるということだけでなく、男性も仕事オンリーではなく、別に家事じゃなくてもいいから、何か他のもの、それがたとえ趣味でもいいから両立なるものを目指してくれればと思ってます。

とにかく男性も女性も同じ条件で働くようにしましょうといって均等法ができて、今度は人間として、いったい労働時間はどのくらいが適正かという、時間短縮という男女含めた労働条件の向上が大きな課題だと思うのよね。

こんなことをいっている私でも、上司には、今の世の中残業が多すぎます、二〇年後には、定時で仕事を終えるようなそんな世界をつくりますみたいなパイオニア的なことをいっているんですから（笑）。

2018年の社会における論点が、1989年の時点で、ほぼ出尽くしていたように見える。男女雇用機会均等法施行の数年後の時点で、東大女子には、女性差別だけでなくそもそもの男社会の不合理性も見えていたのだ。東大女子はやはり「課題先進国」ならぬ「課題先進者」なのである。

「あとがき」は次のように結ばれている。

　女たちは変わりました。歴史が女たちを投げこんできた鋳型をこわしてしまったのが、良かったのか悪かったのか。この本を読んだあとは、もう判断に迷うことはないでしょう。今度は男たちの番です。

「二〇年後には、定時で仕事を終えるようなそんな世界をつくります」という発言の主であり、現在さつき会の幹事を務める大里真理子さんを訪ねた。

「『お前口だけだな。残念だなあ』と言ってやりたいですね、昔の私に（笑）。いまからでも頑張らなくちゃ」

いやしかし、当時それを目標に掲げたことは先見の明である。

「1960年代くらいまでの東大女子たちは、自分たちが世の中を変えるんだというパイオニア精神が旺盛だったように思います。そしていま、このままでは日本はまずいという危機感を、多くの若いひとたちがもっていると思います。かつての東大女子のようなパイオニア精神の復活を、これからの世代の東大女子には期待したいと思っています。東大女子の1割がそう思うだけでも1学年60人。昔の東大女子よりも多いんですから」

しかしインタビューに際して多くの東大女子たちが、開口一番「東大女子だからって葛藤や生きづらさを感じたことはないんですけれど……」と言った。

そう言う東大女子は、いつかの時点で課題を個人的にクリアしたのだろう。そのタイミングは東大入学前かもしれないし、在学中かもしれないし、卒業後だいぶ経ってからかもしれない。いずれにしてもそれは個人として課題を解決したのであって社会の構造的な課題を解決したわけではない。

スローターは、「人生は自分次第だと思い込んでしまうと、逆に、私たちの将来を決定づける社会構造や要因に目が向かなくなり、どんな構造変革が必要かを考えられなくなる」と指摘する。

それがもしかしたら、学生時代までは大概のことを自助努力で乗り越えてきた強烈な成功体験をもつ東大女子の盲点となっているかもしれない。

「東大女子でも結婚できる」は本当だが……

世の中に存在するジェンダーとキャリアに関する構造的課題は複雑すぎて一部を切り取って解決することができない。そこで「課題先進者」である「東大女子」の視点からそれを解明してみようというのが本書の試みだ。

ここで改めて、前章までのさまざまな証言を思い出しながら、またさつき会が2006年に行った会員へのアンケート調査結果をもとに、東大女子のライフコースをあえてステレオタイプ化してシミュレーションしてみる。

＊

「女の子なんだからそこそこの大学でいいんじゃない？」「下手に東大なんて出てしまうと結婚できなくなるよ」という偏見に根ざしたアドバイスをなんとかかわし、東大受験を決心する。地道な努力の末に東大合格を手にする。

東大の中では約2割しかいないマイノリティ。学内ではそれなりにモテるがインカレサークルには入れない。競争意識が強くプライドが高い男子を前にして、余計な摩擦を避けるためわざとできないふりをすることもある。

就活では一般的な有名大学の男子とほぼ対等に戦うことができるようになった。逆に、かつての一般職のような条件付きの社員としての就職はまず選ばない。そこが同じく高学歴といわれる早稲田や慶應の女子とはちょっと違う。

医師や弁護士などの士業や出版などの一部の業界では女性差別を感じることはいまではだいぶ減ったようだが、大手商社や金融、製造業といった旧態依然とした日本の大企業にはまだまだ男社会の文化が根強い。男性に最適化された環境は、女性が成長したり評価されたりするには不利だ。結果、女性は男性の後塵を拝することになる。

そうならないためには、女性であるということを前向きにとらえて特異性を発揮するしかない。これまで特段意識してこなかった「女であること」を、男社会に入ったからこそ意識しなければいけなくなるのだ。

結婚に関しては、東大女子にも上昇婚志向が根強い。自分よりも優秀な男性と結婚したいと願うのだ。しかし東大よりも高い学歴というのは基本的に国内にはない。東大女子の学歴上昇婚は現実的に不可能なので、結果的に学歴同等婚となる。すなわち東大婚である。

さつき会のデータによれば、東大以外の男性と結婚した会員の割合は30・1%。約7割が東大男子と結婚している。

ちなみに会員全体で未婚率は19・8%。2005年度国勢調査での女性の生涯未婚率は7・3%、男性は16・0%。「東大女子だって結婚できる」は本当だとしても、割合としてみると、東大女子の未婚率は一般女性の3倍近くと明らかに高い。パートナーの経済力に頼らなくても自立できてしまうことも理由の一つだろう。

東大婚であれば、夫婦いずれも高収入。仕事のやりがいも大きければ責任も重い。東大生に顕著な負けず嫌いの傾向ゆえ、社内の出世競争でも妥協しない。東大男子である夫はもちろん、東大女子の妻も、いわゆる旧来の「男並み」に働く。

DINKs（子供がいない共働き夫婦）でいるときには問題がない。夫婦ともに家にいる時間が少ないので、家事は最低限でいいからだ。しかし、子供ができると強い夫婦間葛藤が生じる。夫婦がともに旧来の「男並み」に働いていたら、どうやりくりしても子育てをするマンパワーが足りなくなるからだ。

高度成長期あるいはその後のバブル景気のころに至るまで、深夜残業も休日出勤もいとわずバリバリ働くモーレツ社員がそれでも健康を保ち子供をもうけることができたのは、家事や育児をすべてやってくれる専業主婦がいたからだ。

東大婚夫婦の場合、高い確率で夫婦のどちらもやりがいと責任のある仕事を任されており、夫婦どちらも出世競争から降りたくないケースが少なくない。

妊娠・出産・育児を機にとり得る選択肢は当然ながら以下の3つ。(1)夫に専業主夫になってもらう、(2)自ら専業主婦になる、(3)夫婦で仕事とのバランスを取りながら育児をこなす。

夫婦が納得して(1)か(2)を選ぶなら大きな葛藤は避けられる。家庭における役割分担が良くも悪くもはっきりするからだ。

(3)を選ぶ場合、どのように夫婦の負担のバランスを取るのかは、その後十数年の2人の子育てライフについて回る問題となる。そして実際にはその負担が、やはり女性側に偏るケースが圧倒的に多い。子育ては女性がしたほうがいいという思い込みが、社会全体にも、夫にも、そして妻自身の中にも根強くあるからだ。

さらに、もし男性が育児のために仕事のパフォーマンスを落とすようなことがあると、そのときの世間の風当たりは女性に対するものよりも一段と厳しいという理由もある。もしかしたら、こちらのほうが理由として決定的かもしれない。

その点をスローターも指摘する。

男性が子育てや介護のために3か月の休暇を申請すれば、降格されるかクビになる可能性が高いという研究もある。（中略）子育てに熱心な男性は、職場でひどい扱いを受ける比率が高いとも言われる。

男性もまたすべてを手に入れているわけではなく、もし女性と同じことをしようとすれば女性よりも大きな罰を受けるというのは、あながちウソではない。少なくとも西欧では、キャリアの夢を脇に置いた女性が社会的なアイデンティティの危機を感じることはあっても、女性らしくないと言われることはほとんどない。

そしてこれこそが、同じ東大生であっても、東大女子には専業主婦になるという選択肢があるのに、東大男子には専業主夫になる選択肢が現実的にはないという非対称性をもたらす。だから先述（1）は極めてレアケースなのである。

翻って世の中全体を見てみると、専業主婦になることが許されるのは女性であってもごく一部しかいない。1人の稼ぎで家族全員を養うのが難しくなっており、経済的な必要に迫られて共働きせざるを得ない家庭が大半なのだ。その点、東大男子は1人の稼ぎで家族全員を養うことができる経済力をもち得る数少ないひとたちである。

つまり東大女子は、医師、弁護士、官僚、一流企業の社員としてバリバリ働くこともできるし、身近にいくらでもいる東大男子と結婚すれば、専業主婦になることもできる。日本社会において最も幅広い選択肢をもったひとたちであるといっていい。

就業意欲が非常に高い東大女子

2006年にさつき会が行った調査によれば、東大OG全世代の中で調査時点で仕事に就いているのは79・1％、「現在も就いていないし、過去にも就いていない」の割合はたったの2・2％。20〜50代に限れば、「今後仕事に就く予定はない」が4・5％であり、それ以外は仕事に就いているか一時的に中断していても今後復帰の予定があるということだ。やはり東大女子の就業意欲は非常に高い。

よってさきほどの3つの選択肢のうち、東大婚夫婦が選ぶのは現実的にはやはり（3）が圧倒的に多いことになる。

幸い2000年代以降、育休制度のような支援制度は増えている。しかしそういう制度を利用して子育てに十分な時間をかける役割が女性側に偏れば偏るほど、雇用する側は女性を採ることのリスクを大きく見積もることになる。結果的に男女差別的風潮に拍車がかかるという皮肉な状況になる。

急いで復帰したところで時短勤務になるのなら、出産前のような仕事量はこなせない。緊急対応も難しい。旧来の「男並み」の働き方は不可能で、マミートラックに甘んじるしかなくなる。

それでも仕事と家庭の両立はいっぱいいっぱいだ。何せ昭和の専業主婦がやっていたことに上乗せで、時短とはいえ正社員としての仕事をこなさなければいけないのだから。

いくら協力的な夫だとしても、男性中心文化の強い旧態依然とした日本の大企業で露骨な出世競争の渦中にいながらできることは限られている。企業戦士の名が表す通り、彼らは常に戦場にいるかのごとき緊張感とストレスにさらされているからだ。そして東大男子はそういう職場に就職する確率が非常に高く、負けず嫌いの傾向も強い。出世競争のトップ集団に最後まで残る可能性が高く、家のことを顧みる余裕は少ない。

結局妻が、マミートラック的な仕事にやりがいを感じられず、会社からの評価に納得できず、仕事と家庭の両立にも疲弊し、せっかく東大を出て一流企業に勤めたというのにその職を辞するに至るケースがあるのは不思議ではない。

同じ東大を出たのに夫だけ仕事で自己実現を継続し、自分はそれを半ばあきらめる。そこに理不尽を強く感じる場合があることも想像に難くない。まさに『「育休世代」のジレンマ』の描くところである。

さらに最悪の場合、夫を手塩にかけて育て上げた義理の両親から責められることもある。「あなたがもっと自分の仕事をセーブしてくれれば、うちの○○はもっと出世ができるのに」あるいは「母親なんだから自分の仕事はもうちょっとセーブして子供の教育に時間をかけるべきではないかしら」と旧来の良妻賢母的ふるまいを押しつけられそうになるのだ。

その点、収まりがいいのが、東大よりも偏差値の低い大学出身の女性である。それがインカレサークルに集まってくるような女子大女子ということになる。彼女たちは東大学内の男女比のアンバランスを埋めるという数的な意味だけでなく、東大男子の出世を支える役割を果たすという機能的な意味で需給が一致しているのだ。夫婦間の収入差は歴然なので、子育て期間中にどちらが仕事をセーブするのが合理的か判断がしやすく、葛藤は生じにくい。

女子大女子と結婚した東大男子は、家のことはすべて妻に任せて自分は仕事だけに集中できる。一方自己実現志向の強い東大女子を妻にもつ東大男子は、自分も家のことをしなければいけなくなる。それが円環的に仕事に好影響を与えることは十分に考えられるが、短期的に見れば、出世競争において不利に働く可能性は高い。

世帯収入については共働きの東大婚夫婦のほうがおそらく圧倒的に多くなるが、東大男子が自分の自己実現欲求を満たすことを優先するのであれば、女子大女子を選んだほうが合理的だということになる。

そこは東大男子の人生観が決定的に問われるところといえる。

逆に言えば、妻のキャリアを犠牲にしてでも自分の男としての価値を証明したいと躍起になってしまう男性が依然多いのは、「男なら、ひとりで家族を養えるくらい稼げないと」という社会的圧力が根強いからである。

一部の東大男子が端《はな》から東大女子を結婚相手と見なさない無意識の理由もこのあたりにありそうだ。当然東大女子もそういう東大男子は避ける。その試金石の一つがインカレサークルなのである。

もちろんインカレサークルに入る東大男子がみんなそういう価値観であるわけではない

し、同じく女子大女子に自己実現志向がないわけではまったくないことは念のため付け加えておく。あくまでも東大女子の視点から見たステレオタイプとしてのシミュレーションである。

「男vs女」ではなく「競争vsケア」

自らの妥協なき自己実現やキャリア形成を前提とするならば、東大男子とまったく同じ戦略をとるという方法が、東大女子にもある。すなわち下降婚である。つまり東大女子が、自分よりも偏差値の低い大学を出た男性あるいは自分よりも収入が低い男性と結婚するという方法だ。

それで相手の男性が育休を取ったり、時短勤務をしたり、専業主夫になったりすることに納得してくれれば、理論上は東大女子が東大男子とまったく同じ条件で自己実現したり職場での出世競争に残り続けたりすることができる。おそらく東大男子を夫にするよりはその可能性は高まる。

勉強が苦手で一流企業への就職もできなかったけれど、家族の幸せを大切に思う気持ちは人一倍強いという男性が、医師や弁護士、官僚、一流企業の社員として働く東大女子と結婚すれば、利害はぴったり一致するのだ。

高学歴を武器に高収入を手に入れた女性が、そうでない男性と相補的な結婚をするケースが増えれば、現在問題になっている低所得男性の未婚率の改善が期待できる。低所得者同士で結婚して貧困が次世代に連鎖する傾向を緩和することもできる。そして東大女子の未婚率も下がる。

一方で、自己実現欲求の強い東大女子と結婚すると男性側がキャリアを犠牲にしなければならなくなるケースが増えるということが世間に広まれば、東大女子とは結婚しないほうがいいという風評が広まりかねない。そうなると「女の子は下手に東大なんて行かないほうがいい」という言説に加担することにもなりかねない。

ジレンマである。

このジレンマを解消することができるのは実は東大女子自身でなく、男性だ。

妻の自己実現や世帯収入よりも自分の自己実現や出世欲を優先するのが当たり前だという考えを手放すことができる男性が増えなければ、このジレンマは解消しない。当然東大女子の側にも、出身大学の偏差値や収入で男性を見下さない価値観が必要であるのだが。

そうなれば男性も、大学を卒業したら定年まで約40年間、嫌なことも我慢して家族のために会社に滅私奉公しなければならないという生き方から解放される。その利点については大正大学の田中俊之准教授が著書『男が働かない、いいじゃないか！』（講談社、2016年）で詳しく考察している。

男性が、これまで勝手に抱え込みすぎて実は重く感じていたものを「手放す」ことが、男女双方にとって選択肢を広げることになるのだ。つまり、女性を旧来の「男並み」に働けるようにするよりも、男性を旧来の「女並み」に近づけるほうが合理的で手っ取り早い。男性が女性に近づけば、自ずと女性が男性に近づく余地が生まれるはずだ。

これは実は『LEAN IN』『Unfinished Business』『Homeward Bound』『東大卒の女性』のすべてに共通する主張でもある。さらにスローターは、このジレンマだらけの状況を俯瞰して、鮮やかな切り口を提供する。

つまり、女性であれ男性であれ、仕事と家庭の両方の責任を持つ人たちは、キャリアの面で妥協を強いられ、代償を支払っているということだ。だからこれまで「女性の問題」とされてきたこの課題を「育児の問題」として見直すことで、視野が広がり、本当に取り組まなければならないことにきちんと目を向けることができる。その本当の問題とは、「育児や介護の価値が過小評価されている」ということなのだ。「誰がそれをやるか」は関係ない。

私たちの社会は、性別に拘わらず、他者の面倒を見る人より、自分のキャリアに時間をかける人を上だと考えている。

子育てや介護に価値を置かないことが、問題の根源にある。それが社会のさまざまな側面に歪みと差別を生み出している。心を開いて物事の捉え方を変え、「女性と仕事」に目を向けるのではなく、「競争と家族の世話《ケア》」に目を向けてみよう。

家事労働が不当に低く評価されていることについては、日本でも和光大学の竹信三恵子教授が『家事労働ハラスメント　生きづらさの根にあるもの』(岩波書店、２０１３年)で鋭く考察している。

私は拙著『ルポ　父親たちの葛藤』でこう書いた。

男性であれ女性であれ、今多くの労働者が「仕事と家庭の板挟みになっている」と感じている。21世紀型の家庭中心のライフスタイルと、1980年代の企業中心のライフスタイルの板挟みともいえる。

つまり問題の本質は「男vs女」ではない。男であれ女であれ、家事や育児に従事する者が軽んじられていることである。スローターの表現を借りれば「競争vsケア」なのだ。「競争」とは、資本主義社会における稼得力競争である。世間からスポットライトを浴びるための競争といってもいい。「ケア」とは、家事全般そして育児・介護など生物としての普遍的営みのことである。通常それ自体がスポットライトを浴びることは少ない。

動物だって植物だって、その一生は、次世代に命をつなぐために最適化されている。つまり子供を産み、育てることは、生物としての営みの本流である。それなのに、現在の社会では、「ケア」よりも「競争」が優先される。「ケア」は「競争」の合間を縫ってすべきものだと錯覚させられている。本末転倒なのだ。私たちの社会が直面している矛盾の根本はそこにある。

さらにゼロサム社会になり、資本主義社会の勢いにも陰りが見え始めたいま、グローバル化で仕事がなくなる、AIに仕事を奪われるなどといわれ、稼得力を巡る競争圧力はさらに高まり、それが悪循環を招いている。

「東大女子」の4文字が奏でる不協和音

大学名と性別が結びついた有名な言葉としては「慶應ボーイ」「ワセジョ（早稲田の女子）」がある。しかし「東大女子」という四字熟語がことさら意味深長に見えるのは、たった4文字の中に、現代社会において折り合いの悪い「競争とケア」の両方の意味を同時に含んでいるからである。

「東大」という言葉は、単に「東京大学」という組織を表しているのではない。明治維新以降のこの国の成り立ちにおいて、長い間「帝国大学（東京大学の前身）」が唯一の大学であり、全国の村々から優秀な子供をそこに集めるための進学システムが構築され、そこで学んだ者が国家の中枢で社会を動かすエリートになるしくみができあがった。

小学校に上がるときにはすべての国民が一度は帝国大学を頂点とする進学ピラミッドの末端に加わる。そこから学力による競争が行われ、勝ち残った者のみが帝国大学にたどり着き、社会的エリートになることができる。

「東大」は、そういう「競争教育システム」あるいは「エリート選抜養成システム」を象徴する言葉として、日本人の文化的辞書の中に編み込まれてしまっているのである。いわば「競争」の象徴である。

一方、歴史上長い間、国家を動かすエリート的立場にいた「女子」が世界的に見ても圧倒的マイノリティであり、社会構造的な意味で性差別を受けていることはジェンダーギャップ指数を見れば明らかだ。特に日本のランキングは低い。また、競争社会において女性が不利益を被ることが想像以上に多いことを、第3章で紹介したフェイスブックのバイアス研修で示されるエビデンスの数々が雄弁に物語っている。

さらに女性に対する無意識的な差別については『LEAN IN』からも何カ所か引用しよう。まず、コロンビア大学ビジネススクールのフランク・フリン教授とニューヨーク大学のキャメロン・アンダーソン教授が2003年に行った実験の結果を孫引きする。

実在する女性ベンチャー・キャピタリストのハイディ・ロイゼンの「強烈な個性の持ち主で、ハイテク分野の著名な経営者にも顔が広かった。こうした幅広い人脈を活用して成功した」という物語を、2つのグループの学生に読ませた。ただし片方のグループには「ハイディ」の名前を「ハワード」という男性名に変えて読ませた。

ところが学生たちは、ハイディとハワードの能力に対して同じように敬意を払ったにもかかわらず、ハワードのほうを好ましい同僚と見なしたのである。ハイディのほうは自己主張が激しく自分勝手で「一緒に働きたくない」「自分が経営者だったら採用しない」人物と見なされた。

（中略）

つまり、成功と好感度は男性の場合には正比例し、女性の場合には反比例するということだ。成功した男は男からも女からも好かれるが、成功した女は男からも女からもあまり好かれない。

その次のページに出てくる「そんなにがんばってハイディになろうとしないで、ハワードに任せておけばいいじゃない」というフレーズは、「女の子なんだから東大なんて行く必要ないじゃない」というフレーズの概念的構造と同じだ。

シェリル自身、ハーバード・ビジネススクール時代に「自分がいい成績だったことが知られるのは全然得策ではない、と本能的に感じていた」と述べている。現役東大女子が

「わざと知らないふり、できないふりをします」と言っていたのと一致する。

第3章で触れた「コンピタンス／ライカビリティ・トレードオフ・バイアス」の仕業だ。シェリルはまた、スタンフォード大学教授のデボラ・グルーエンフェルドの発言を紹介している。

「私たちに刷り込まれているイメージでは、男性とリーダーの資質、女性と母親の資質がしっかりと結びついており、それが女性を束縛している。私たちは、子供は女性が育てるものだと考えるだけでなく、女性は他の何よりもまず子育てをすべきだと考えている。そこで女性がよい母親のイメージに反する兆候を示すと、悪印象を受け、不快になる」

「コンピタンス／ライカビリティ・トレードオフ・バイアス」と「マターナル・バイアス」の合わせ技だ。東大女子に対して「かわいくない」とか「ダサい」とかいうレッテルを貼るひとたちがいるとすれば、これらのバイアスのせいかもしれない。

そのうえ「献身的」というステレオタイプのせいで、女性は犠牲を強いられ、しかも報われない傾向がある。男性が同僚の仕事を手伝ったら、相手は恩義を感じ、何らかの形で返そうとするだろう。だが女性がそうしても、相手はあまり恩義を感じないらしい。だって彼女は人助けが好きなんだから、というわけである。フリン教授はこの現象を「ジェンダー・ディスカウント」と名づけた。

男性だと育児や家事をちょっとやっただけでも褒められるのに、女性が同じことをしても当たり前だと見なされることと同じ構造だ。

アメリカにおいても「女性」という言葉には「他者の世話をする者」というニュアンスが含まれてしまっている。日本における「女子」にそれと同等かそれ以上のニュアンスが内包されていることはいうまでもないだろう。

こうして「東大」という言葉がもつ「競争」のイメージと、「女子」という言葉がもつ「ケア」のイメージが、現在の社会的文脈においては強く反発し合ってしまう。だから、「東大女子」という四字熟語を目にしたとき、あるいは耳にしたとき、私たちの無意識の中では不協和音が鳴り響くのだ。

平凡なことを続ける非凡さに賞賛を

不協和音を大きくしているのが、私たちの心の中にある無意識の偏見であることはいうまでもない。「競争」と「ケア」をまるで水と油のように相反するものだととらえ、しかも「ケア」を「競争」よりも下に見る偏見だ。

不協和音を止めるにはまず、子育てや家事を会社勤めよりも下に見る構造を、壊さなければいけない。ケア労働のようなスポットライトの当たりにくい場所で、平凡なことを地道に続けているひとたちの非凡さに、尊敬の目が向けられなければいけない。象徴的な存在として、専業主婦（主夫）がもっと社会からリスペクトを受けなければいけない。

それでこそ、会社でパフォーマンスを発揮することにしか興味がなかったひとたちの中にも「自分も少しは見習わなければ」という気持ちが芽生える。そうやって、ケア労働の類いをみんなが少しずつ負担する社会の雰囲気が醸成される。嫌な仕事のなすりつけ合いの次元から脱却できる。男性が競争から降りられないという状況や、女性がケア労働から抜け出せないという状況が緩和する。男女に関係なく、専業主婦（主夫）になるという選択から生き馬の目を抜く競争社会に生きるという選択までフルレンジの働き方・暮らし方を選べるようになる。

東大女子にも、フルレンジの選択肢があることを忘れないでほしい。「東大まで行ったのに結局専業主婦？」などという余計なお世話を気にすることはない。「選択肢を広げるために努力して東大に入ったのだから、東大に入ったことによって得られた選択肢の中から選択しなければ、努力した意味がなくなる」という発想自体が東大生の選択肢を狭めていることに気付いてほしい。

逆に競争社会に生きるのならば、ときには「東大出身」を武器にして、ときには「女性」であることを武器にして、したたかに「LEAN IN（一歩踏み出す）」してほしい。

でも、競争ばかりの人生では疲れてしまう。競争社会にちょっと疲れたなと思ったら、自分からそっと降りることもできる社会を目指すべきだ。そのためには、復帰しやすい社会でなければならない。一度レールを外れたひとが、望めば、再びレールに戻ることができる社会だ。

専門用語では「雇用の流動性」などというようだが、ここで目指すべき雇用の流動性とは、簡単に解雇できるようにするとか、安い賃金で非正規社員の労働力を売り買いするとかいうことではない。

一言でいえば、労働者の専門性を高めることに雇用側も責任をもつということだ。日本企業ではジェネラリスト型の人材育成をしがちだ。そのほうが人員配置の自由度が高まるからだ。だから社員一人一人の専門性を高めるよりも、その企業文化に染めることを重視する。これがネックだ。いくらその企業文化に最適化していても、専門性のない人材はその企業の外では通用しないからだ。

新卒で就職した企業の文化に染まりその狭い社会の中での社内政治を学ぶよりも、どこの企業に行っても通用する専門性を身に付けることを、これからの労働者は意識しなければいけない。組織にしがみつかない生き方を手に入れるために。

雇用側も、それを支援しなければならない。高度に専門化した社員が他社に引き抜かれてしまうリスクを気にするよりも、高度な専門性を求めるやる気のある若者が集まってくるメリットに目を向けるべきである。そうすれば人材の新陳代謝が活発になり、時代に合わせた組織の変容がスムーズにできるようになるだけでなく、イノベーションも起こりやすくなるだろう。

また、いくら競争社会に生きていても、人生の一時期において競争を降りなければならないときが誰にでも必ず来る。そのきっかけは妊娠・出産・育児かもしれないし、自分の病気かもしれないし、親の介護かもしれないし、会社の業績不振かもしれない。そんなときこそきっと、内に力を蓄える時期、自分への洞察を深める時期なのである。人生のサバティカルだと思えばいい。

競争社会でどれだけ長くトップ集団にとどまれるかは結局、そのタイミングが早く来るか遅く来るかの違いでしかない。

人生の一時期において専業主婦（主夫）になり、また別の時期には競争社会に没入するという生き方があってもいい。

『LEAN IN』から『Homeward Bound』までフルレンジの働き方・暮らし方のグラデーションの中から、男女ともにそのときどきの状況に応じた色を選べることが理想だ。

相補的なパートナーがいれば、理想を実現できる可能性はさらに高まる。

東大生同士でないと話が通じないという病

「競争」への過度な圧力が減れば、自ずと「東大」に対する過度な意味づけも和らぐはずだ。

カーレースにたとえれば、「東大」とは「競争社会」をスタートする時点での「ポールポジション」である。ポールポジションを得るために、学校教育が「競争社会」の「予選」になり下がり、「学歴社会」「偏差値主義」が跋扈《ばっこ》した。

しかし「競争」が緩和すれば、ポールポジションにこだわる必要は薄れる。

しかも人生というレースは短時間で勝ち負けを争うものではない。むしろ耐久レースに近い。瞬発力より持久力がものをいう。レースが長時間になればなるほど、途中でピットインも必要になるし、トラブルも起こる。ポールポジションが有利なのは最初の何周かだけ。そのために「予選」でムキになる必要はない。ポールポジションを取れなかったらもうおしまいと考えるのは、大げさだ。

たしかに東大は、資金的にも人材的にも国内で最も恵まれた大学かもしれない。その恵まれた環境を求めて東大に行きたいと思う高校生が多いことは理解できる。しかし、偏差値がいちばん高いから東大に行くというのはいかがなものか。そのような考え方は「みんながいいと言うものを自分もほしい」という考え方でしかない。その姿勢のままでは常に世間の評価に振り回される人生を送ることになりかねない。

逆に「国際的な大学ランキングで東大の順位が落ちているからもう東大に行っても意味がない」という批判も意味がない。あの手のランキングは、組織としての大学の機能を評価するものであって、その大学に通う価値を評価しているのではない。東大に通ったからといって東大にあるすべての知を吸収できるわけではない。ほかの大学に行っても同じだ。どんな大学に行っても、そこで精一杯学べば、得られるものにさしたる差があるとは思えない。

ましてや「東大生同士でないと話が通じない」というのはまるで幻想だ。

東大受験対策を専門にするある塾の関係者は「東大の合格ラインにはたくさんの受験生がひしめいています。毎年の東大合格者の中でも、下位半分は不合格でもおかしくなかったひとたち」と証言する。もう一度試験を行ったら半分は入れ替わるというのだ。

惜しくも不合格になったひとたちは、東京であれば早稲田、慶應あたりに通うことになる。彼らと東大生の間に学力的に明確な差があるはずもない。ましてや大学受験で試される学力が総合的な知性や人間力のごく一部でしかないことはいうまでもない。偏差値の高さでひとの能力を推し量ることは、ベンチプレスの値でアスリートの能力を推し量るくらいにナンセンスなことだ。

偏差値が5や10違ったからといって話が通じないというのなら、問題なのは相手の偏差値ではなくて、本人のコミュニケーション能力のほうだろう。実際には話が通じないのではなくて、話が通じないと思い込んでいるケースが圧倒的に多いのだと思われる。

しかし多くのひとにそう思い込ませるほどに、偏差値が過度な意味をもつのがこの社会なのである。

社会全体を覆う偏差値の差に対する過敏症が解消されれば、東大女子の結婚相手の選択肢も広がるだろう。東大女子自身が自分より偏差値が低い男性との結婚に抵抗を感じなくなるという意味と、男性が自分より偏差値の高い女性との結婚に抵抗を感じなくなるという意味の両面で。

同様に世の中全体として、学歴上昇婚／下降婚という概念が薄れれば、男女ともに未婚率は下がるだろうし、世帯収入格差は縮まるだろうし、それによって少子化も改善の方向に向かうかもしれない。

その点、現在議論されている大学入試改革には、もともと大学入試を変えることで高校以下の教育を偏差値主義から解放しようという目的がある。それが、学歴上昇婚／下降婚という概念を弱めるきっかけにもなり得る。

「働き方改革」と「大学入試改革」は車の両輪

高度成長期からバブル景気の時期くらいまでの昭和型成長社会において、過度な競争社会を勝ち抜くためには、高い偏差値と専業主婦が必要だった。そのために受験競争が過熱し、女性は家に入ることを社会的に強要された。

しかし昭和型成長社会は終わった。それからだいぶ時間は経ってしまったが、ようやくいま、「働き方改革」と「大学入試改革」が同時に議論されているのは偶然ではない。「働き方改革」とは要するに、専業主婦に頼らないで社会を回す方法を考えようということだ。「大学入試改革」とは要するに、偏差値の差に対する過敏症を治そうということだ。

実はこれらは「社会構造改革」という巨大な車の両輪なのだ。「働き方改革」の成功なくして「大学入試改革」の成功はないし、「大学入試改革」の成功なくして「働き方改革」の成功もない。そのことが、東大女子の視点に立つことによって見えてきたのである。

東大女子とはまさに2つの車輪をつなぐ車軸の真上に立っているひとたちである。彼女たちがバランスを失って転がり落ちることがあれば、それは車の両輪がまっすぐに進んでいない証拠。能力も選択肢もある東大女子が、納得のいくライフコースを選択できなかったら、ほかに誰が納得のいく人生など実現できるだろうか。そのような社会で多様な働き方も暮らし方も生まれるはずがない。

東大女子の生き方は、この社会の未来を占う青写真なのだ。東大女子が輝けば、きっと未来の社会も輝く。

さつき会編の『東大卒の女性』に、1950年代のエピソードとして、次のような一節がある。

私がその頃から、男女差別がどうなどと悲憤慷慨《ひふんこうがい》すると、先生（新聞部の顧問だった中屋健一氏）は、「君、東大に女子学生が半分にならないと日本は変わらないよ。しかし、いずれそういう時代が来るだろう」といったんです。

慧眼である。そういう時代にしていかなければならない。

どうにでもごまかしようのある「男性の育休取得率」などという数値目標を掲げるよりも、「東大の女子率」を社会構造変化の指標として掲げたほうがいいのではないかと、半分冗談半分本気で、私は思う。

おわりに

「男子だらけでゾッとした」

北陸地方出身の川上純子さん（仮名）は、入学後、初めて東大で授業を受けたときの印象をこう語る。いまとなっては逆にこんな心配もする。

「まわりには、女友達が私しかいないんじゃないかという男子も多くて、大丈夫かな、みたいな（笑）」

服装こそ華美ではないが、背が高く、表情は涼しげ。何より20歳そこそことは思えない落ち着きを身に付けている。いわゆるクールビューティー系だ。

女子に相談したい話があってもそもそも相談相手が限られてしまうのが、東大女子として、現在ときどき感じる不満だ。

高2くらいから東大を意識した。親の反対はなかった。むしろ「行け行け」と応援してくれた。妹も、東大ではないが、東京に出てきている。

「うちの地元では、姉妹を2人とも東京に出す家は珍しいと言われました」

聞けばなるほど、父親は大学教授だそうだ。

「東大で知り合った女友達からは、自分は東大なのに妹は親から地元に残れと言われて出してもらえなかったという話を聞いたことがあります」

現在3年生。法学部で学んでいる。

「将来は一応働きたいなと思っています。法学部なので法曹を目指すことになると思います。子供は、まだわかりません。絶対にほしいというわけではない。もし子供ができるのだとしたら、育休だけの問題ではなく、長いスパンで仕事との両立を考えなければいけない。仕事第一にはできないだろうと思います」

すでに将来を見据えている。しかし将来を語るとき、その表情には一抹の不安があることがうかがえる。

「もし子供ができたなら、やっぱり旦那さんにも育休を取ってもらいたい。子供のお世話とか、やってみないとつらさがわからないと思うので、そこらへんはフェアにいきたいなって思っています」

「フェアにいきたい」と言いながら、その大前提として、自分が主に育児を担うという二ュアンスが感じられる。それを指摘する。

「あぁ〜」

川上さんがハッと表情を変えた。

「つまり、私は仕事第一じゃないけれど、旦那さんは仕事第一という前提で話していると
いうことですね」

「もしもっとフェアにするならば、まずたとえば『私とあなた、どちらが主に子育てす
る？』という話し合いがあってもおかしくない。理屈のうえでは」

「そこは考えていなかったです」

「女性である自分がやるべきだという考えが無意識のうちにあるということかな？」

「たしかに……。仕事と育児を両立したいなと」

「そうだよね。そしてその両立をするのは、自分が背負わなければいけないという暗黙の
前提があるかもしれないよね」

「あぁ〜、そう思ってました（笑）」

「いまのまま結婚して子供ができたとすると、そういう議論なく自ら仕事をセーブして仕
事と子育てを両立しようとし始めちゃうかもしれないよね。でもある日ふと気付く。『夫

が会社を辞めてもよかったじゃない？　なんで私が？』って。たとえば川上さんが将来若くして大企業の顧問弁護士になったりでもしたら、普通のサラリーマンのお給料よりも多く稼ぐことだってあり得る。それなら当然『私が仕事を続けたほうが経済的に合理的じゃん』ということになる」

いままでそんなことはまったく想定したことがなかったのだろう。川上さんは目をまんまるに見開いている。私は続けた。

「でも一方で、世の中的にそういうケースが増えると、『東大女子と結婚すると、自分のキャリア形成が危うくなる』と男性たちが怯えてしまうというシナリオも考えられる。すると自分のキャリア形成を第一に考えたい男性からは『東大女子』とは結婚したくないと思われるかもしれない。逆に『養ってほしい』という男性も多くいるとは思うけど、今度はそういう男性と、東大女子側が結婚したいと思えるかどうかという問題が発生する」

川上さんは大きくうなずく。

「東大生同士の女子会では、1年生のころから結婚と出産と育児について語り合います。それで結局、結婚相手は東大男子しかないのかなって結論になるんですけど」

どういう論理か。

「入学したときの女子オリエンテーションで、東大出身の女性の配偶者の多くは東大男子であるという話を聞きました。たしかに早稲田とか慶應とかの男子からしてみたら、東大女子は扱いにくいんだろうねって話を、友達とよくするんです」

「自分より偏差値の高い女子は扱いにくいと男の子たちが思っているんじゃないかという意識が、東大女子の中にあるということだよね」

「そういうことですね。で、結局、東大男子のほうが、同じ東大生として、私たちの気持ちを理解してくれるんじゃないかという話になります。でも、東大男子についても、ひとを選ばないとダメなのかなとも。ずっと勉強ばかりして常識がないひとというのも多いよねって」

「たとえば？」

「東大の英語の授業で、ドラマを見ました。企業の役員がみんな男性だというシーンを見て、これはどうしてかという議論をすることになりました。すると都内の超有名男子校出身の学生が『それは女の人の能力がないからでしょ』と言い放ちました。びっくりしました。そういう人が官僚とかになっていくのかなぁなんて（笑）」

「東大出身の男性は、おそらくそこそこのキャリアパスを手に入れる。しかも東大生共通の傾向として、競争意識が強いと聞く。だとすると、企業でも官庁でも出世競争に飲み込まれていく。熾烈な競争の渦中にいて、『あなた、子育てもして』と言われるとものすごい葛藤を感じるかもしれない。そうすると、夫婦ともに譲れなくなる。同じ東大生だから自分のことをわかってくれるという期待がもてる一方で、相手も東大生だからこそ、競争社会から降りられないというのもあるよね。東大じゃない大学の男子がみんな家事や育児に理解があるかといったら全然そんなことはないとは思うけど」

「でもそれでいうと、東大男子にはインカレサークルで他大の女子と知り合うチャンスがありますが、東大女子はほかの大学の男子とどうやって出会えばいいんだろうと感じます」

「それはそうですね。たとえばもし早稲田や慶應の男子と知り合えたとしたら、彼らをカレシとか結婚相手として考えることは、川上さん自身はできます？」

「高校の同級生には早稲田や慶應に行っている人たちもいて、彼らを見ているとむしろ性格的に東大生よりもいいかもと思うことも多いので、全然いいんじゃないかなとは思います」

「でも実際は、女性は自分よりも偏差値の高い大学を出た男性と結婚する『学歴上昇婚』

の傾向がある。この傾向がある限り、東大女子は東大男子と結婚するしかないじゃない。これはどうすればいいんだろう？」

「うーん」

「たとえば、偏差値による大学の序列がなくなればいいんじゃない？」

「それはそうですね」

「これからはグローバル社会だといっているのに狭い日本の中でたかだか偏差値5や10の違いで序列を付け、見えない壁をつくってしまうほうがナンセンスという価値観になれば、きっとこの傾向は弱くなるよね。そういう意味で現状では、出身大学への過敏な反応というのはあるかもしれないよね」

「はい」

「出身大学にとらわれずに結婚して、子供ができたときに、夫婦でどれくらい仕事をセーブすればいいかを話し合って、合理的な判断をすればいい。そこで仮に一方の子育ての負担が大きくなって、仕事をセーブしなければいけなくなったとしても、子育てが一段落した時点でまた仕事に復帰しやすいような社会であればいい。そういうことだよね」

「だとすれば、東大女子と、ちょっと年下のＧＭＡＲＣＨくらいの大学の男の子とのカップリングとかいいんですかね。年の差もあれば、女性のほうが稼いでいても、そんなに葛藤は起こらないんですかね」

「それはありだよね。ただそうすると、いまの世の中的には、『高学歴のバリキャリの女性が、婚期ギリギリで若いヒモを捕まえた』という言い方をされるかもしれないけどね。男性のほうも、世間から何と言われようと、自分を卑下しない強さが求められるかも」

「そうですね……。一方で、子供が生まれたら、専業主婦になってもいいかなという思いもあるんです。東大のキャンパス内で保育園の園児がよく遊んでいます。それを見ると本当にかわいい。あのかわいい年ごろの子供と離れて仕事をするのはつらいんだろうなと」

「それもあるんだよね。でもさ、東大まで来て、専業主婦ってどうなんだろうという感じもきっとあるでしょ。頑張って難しい大学に入るのは自分の選択肢を広げるためだってことはよく言われるんだけど、実際本当に頑張って選択肢を広げてしまうと、頑張ったことによって広がった選択肢から選択しないともったいないっていう気持ちになることあるよね」

「あります！」

「それって実は選択肢を狭めているんだよね。なぜそうなるかというと、頑張って得られた選択肢を選んだ人生のほうが上等な人生だと思ってしまうからなんじゃないかな？」

「そうかも……」

「猛勉強して司法試験に受からないと弁護士にはなれない。一方、たしかに東大に行かなくたって専業主婦にはなれる。でも弁護士として生きる人生と、専業主婦として生きる人生のどちらが上等かなんて、比べようがない。本人がどれだけ自分の人生に誇りをもてているかが大事」

「たしかに」

「そう考えると、本当の意味で人生の選択肢を広げるために必要なのは、この世の中に生きているすべてのひとの人生をリスペクトして、どんな人生もかけがえのない素敵な人生だと本心から思えるようになることなんじゃないかなと思うんですよね……」

川上さんの真剣な表情に、ついこちらも身を乗り出してしまい、最後は完全な「中年の主張」になってしまった。

＊

大手出版社に勤める高橋百合子さん（仮名）は、爽やかに笑って言う。

「大丈夫。東大女子だって全然結婚できますよ。私だって2回できたんだから」

1回目の結婚相手は同い年の商社マン。東大男子だった。

「結婚？　したいかも！　と盛り上がって、調子に乗って、結婚しちゃいました」が、早々にずれが生じ、別居。結局4年で離婚した。相手が東大男子だったことと離婚の原因はほとんど関係ない。

「一人暮らしに戻ってからの毎日が楽しくて、私にはやっぱり結婚は向いていなかったんだなとつくづく思いました」

大好きな編集の仕事をしながら、誰にも気を遣わなくていい生活を続けて約10年が過ぎた。

「仕事で知り合った男性といつの間にかいっしょに住むことになり、いつの間にか結婚することになっちゃいました。結婚にはもう興味はなかったはずなのに（笑）」

2人目の夫は、東大男子ではない。高卒で、しかも5つも年下だ。

「『東大』と『女子』の2つの看板を、そのときどきの都合で付けたり外したりできるようになると楽。どちらも自分の一部分にすぎないのだから。結婚相手は東大男子でも高卒でも関係ありません。東大女子も相手の学歴なんて気にしなければいいのに。いずれにせよ、私は他人にペースを合わせるのが苦手みたいですけど（笑）」

＊

最後に。今回出会った東大女子はみんな、ひととして素敵で女性としても美しかった。まじめでちょっと不器用なところがあって、応援したくなった。自分も頑張らなきゃという刺激をたくさんもらった。すっかり東大女子のファンになってしまった。

おおたとしまさ

2018年3月

参考文献

『「育休世代」のジレンマ　女性活用はなぜ失敗するのか？』
（中野円佳著、光文社刊、2014年）
『「専業主夫」になりたい男たち』（白河桃子著、ポプラ社刊、2016年）
『子育て主夫青春物語　「東大卒」より家族が大事』
（堀込泰三著、言視舎刊、2012年）
『いいエリート、わるいエリート』（山口真由著、新潮社刊、2015年）
『男が働かない、いいじゃないか！』（田中俊之著、講談社刊、2016年）
『お笑いジェンダー論』（瀬地山角著、勁草書房刊、2001年）
『家事労働ハラスメント　生きづらさの根にあるもの』
（竹信三恵子著、岩波書店刊、2013年）
『結婚と家族のこれから　共働き社会の限界』（筒井淳也著、光文社刊、2016年）
『仕事と家庭は両立できない？　「女性が輝く社会」のウソとホント』
（アン＝マリー・スローター著、篠田真貴子解説、関美和訳、NTT出版刊、2017年）
『仕事と家族　日本はなぜ働きづらく、産みにくいのか』
（筒井淳也著、中央公論新社刊、2015年）
『神童は大人になってどうなったのか』（小林哲夫著、太田出版刊、2017年）

『東大卒の女性　ライフ・リポート』

（東京大学女子卒業生の会さつき会編、三省堂刊、1989年）

『東大生はなぜ「一応、東大です」と言うのか？』

（新保信長著、アスペクト刊、2006年）

『東大卒でスミマセン「学歴ありすぎコンプレックス」という病』

（中本千晶著、中央公論新社刊、2012年）

『内定とれない東大生「新」学歴社会の就活ぶっちゃけ話』

（東大就職研究所著、扶桑社刊、2012年）

『ハウスワイフ2・0』（エミリー・マッチャー著、森嶋マリ訳、文藝春秋刊、2014年）

『リーン・イン　女性、仕事、リーダーへの意欲』

（シェリル・サンドバーグ著、村井章子訳、日本経済新聞出版社刊、2013年）

著者略歴

おおたとしまさ

育児・教育ジャーナリスト。

一九七三年東京生まれ。麻布中学・高校卒業。

東京外国語大学英米語学科中退。上智大学英語学科卒業。

リクルートで雑誌編集に携わり、二〇〇五年に独立。

各種メディアへの寄稿、コメント掲載、出演多数。

心理カウンセラーの資格、中高の教員免許を持ち、私立小学校での教員経験もある。

著書は『名門校とは何か?』(朝日新聞出版)、『追いつめる親』(毎日新聞出版)、『ルポ　父親たちの葛藤』(PHP研究所)、『ルポ　塾歴社会』(幻冬舎)など五十冊以上。

幻冬舎新書 489

ルポ東大女子

二〇一八年三月三十日　第一刷発行

著者　おおたとしまさ

発行人　見城　徹

編集人　志儀保博

発行所　株式会社　幻冬舎

〒一五一-〇〇五一　東京都渋谷区千駄ヶ谷四-九-七

電話　〇三-五四一一-六二一一(編集)

〇三-五四一一-六二二二(営業)

振替　〇〇一二〇-八-七六七六四三

ブックデザイン　鈴木成一デザイン室

印刷・製本所　中央精版印刷株式会社

検印廃止

Printed in Japan　ISBN978-4-344-98490-5 C0295

お-22-2

幻冬舎ホームページアドレス http://www.gentosha.co.jp/

*この本に関するご意見・ご感想をメールでお寄せいただく場合は、comment@gentosha.co.jp まで。

おおたとしまさ
ルポ　塾歴社会
日本のエリート教育を牛耳る「鉄緑会」と「サピックス」の正体

名門中学の受験塾として圧倒的なシェアを誇る「サピックス」。そして、名門校の合格者だけが入塾を許される「鉄緑会」。この国の〝頭脳〟を育む両塾を徹底取材し、その光と闇を詳らかにする。

中野信子
シャーデンフロイデ
他人を引きずり下ろす快感

「シャーデンフロイデ」とは、他人を引きずり下ろしたときに生まれる快感のこと。なぜ人間は他人に「妬み」を覚え、その不幸を喜ぶのか。現代社会が抱える病理の象徴の正体を解き明かす。

阿部恭子
息子が人を殺しました
加害者家族の真実

連日のように耳にする殺人事件。当然ながら犯人には家族がいる。突然、地獄に突き落とされた加害者の家族は、その後、どのような人生を送るのか？　加害者家族の実態を赤裸々に綴る。

岩波明
他人を非難してばかりいる人たち
バッシング・いじめ・ネット私刑《リンチ》

昨今、バッシングが過熱しすぎだ。失言やトラブルで非難を受けた人物には、無関係な人までもが匿名で攻撃。日本人の精神構造が引き起こす異常な現象に、精神科医が警鐘を鳴らす！

幻冬舎新書

奥田祥子
男という名の絶望
病としての夫・父・息子

凄まじい勢いで変化する社会において、男たちは絶望の淵に立たされている。リストラ、妻の不貞、実母の介護、ＤＶ被害……そんな問題に直面した現状を克服するための処方箋を提案する最新ルポ。

渋井哲也
実録・闇サイト事件簿

ネットで出会った男たちが見も知らぬ女性を殺害するという、犯罪小説のような事件を生んだ「闇サイト」とは何か。閉塞した現代社会の合わせ鏡、インターネットの「裏」に深く切り込む実録ルポ。

朝日新聞社会部
きょうも傍聴席にいます

長年の虐待の果てに、介護に疲れて、愛に溺れて、一線を越えてしまった人たち。日々裁判所で傍聴を続ける記者が、紙面では伝えきれない法廷の人間ドラマを綴る。朝日新聞デジタル人気連載の書籍化。

副島隆彦
老人一年生
老いるとはどういうことか

老人は痛い。なのに同情すらされない。若い人はどわかってくれない。これは残酷で大きな人間の真実だ。5つの老人病に次々襲われた著者の体験記。痛みと老化と医療の真実がわかる痛快エッセイ。

幻冬舎新書

中野信子
脳内麻薬
人間を支配する快楽物質ドーパミンの正体

人間がセックス、ギャンブル、アルコールなどの虜になるのは「ドーパミン」の作用による。だが実はドーパミンは人間の進化そのものに深く関わる物質でもあるのだ。「気持ちよさ」の本質に迫る。

川淵三郎
独裁力

嫌われることを恐れずに、しがらみを断ち切り、独裁的に決断を下す。ただし私利私欲があってはいけない。それが優れたリーダーの条件である。「老いてなお盛ん」を体現する男の画期的組織論。

巽好幸
富士山大噴火と阿蘇山大爆発

300年以上も沈黙を続ける富士山はいつ噴火するのか。そして富士山よりも恐ろしい、かつて南九州の縄文人を絶滅させた巨大カルデラ噴火とは何か。地震と噴火の仕組みを徹底解説した必読の書。

佐藤康光
長考力
1000手先を読む技術

一流棋士はなぜ、長時間にわたって集中力を保ち、深く思考し続けることができるのか。直感力や判断力の源となる「大局観」とは何か。異端の棋士が初めて記す、「深く読む」極意。